KB143223

세종혁신학교, 소담초가 건네는 소소한 기록 2

그래도
혁신학교

세종혁신학교, 소담초가 건네는 소소한 가특 2

그래도
혁신학교

초판 1쇄 인쇄 2019년 3월 13일
초판 1쇄 발행 2019년 3월 23일

지은이 박은혜, 양정열, 오윤미, 이민지, 이상미, 이윤정, 조은정, 함유찬
펴낸이 김승희
펴낸곳 도서출판 살림터

기획 정광일
편집 조현주
북디자인 꼬리별

인쇄·제본 (주)현문
종이 월드페이퍼(주)

주소 서울시 양천구 목동동로 293, 22층 2215-1호
전화 02-3141-6553
팩스 02-3141-6555
출판등록 2008년 3월 18일 제313-1990-12호
이메일 gwang80@hanmail.net
블로그 http://blog.naver.com/dkffk1020

ISBN 979-11-5930-092-9 03370

이 도서의 국립중앙도서관 출판예정도서목록(CIP)은
서지정보유통지원시스템 홈페이지(http://seoji.nl.go.kr)와
국가자료공동목록시스템(http://www.nl.go.kr/kolisnet)에서 이용하실 수 있습니다.
(CIP제어번호: CIP2019008937)

세종혁신학교, 소담초가 건네는 소소한 기록 2

그래도 혁신학교

박은혜
양정열
오윤미
이민지
이상미
이윤정
조은정
함유찬

지음

학교, 그 원형을 찾아

세종특별자치시 교육감 최교진

꼭 일 년 전에 소담초 선생님들이 원고 뭉치를 들고 찾아왔었다. 개교한 지 2년이 채 되지 않은 학교에서 그동안의 학교 이야기를 써서 책을 만들 예정이라고 했다. 대견하기도 했지만 수십 년의 역사를 가진 학교에서도 흔치 않은 일인데, 하다 지쳐 힘들어하지 않을까 하는 걱정이 되었던 것이 사실이다.

꼭 일 년이 지난 오늘 다시 소담초 선생님들이 원고 뭉치를 들고 찾아왔다.

"교육감님께서 지난번 추천사에서 '그래도 혁신학교'라고 하셨잖아요. 그래서 이번에 책 제목이 '그래도 혁신학교'예요."

이번엔 두 뭉치였다. 큰 제목이 '그래도 혁신학교', '학교자치를 부탁해'였다. 한편으로 놀라웠다. 하지만 바쁜 일상 때문에 잠시 미뤄 놓고 읽지 못하고 있었다. 잠시 짬이 나 고개를 돌렸더니 소담초 선생님들이 놓고 간 원고가 눈에 띄었다. 가벼운 마음으로 읽기 시작했다.

『그래도 혁신학교』는 웃긴 이야기인데 눈물이 나는 글이었다. 소담초에 근무하기 전까지, 혹은 교사가 되기 전까지 살아온 삶을 소소하게 풀어 나가고 있다. 그리고 소담초를 만났을 때 첫 느낌, 그 안에서 지내 왔던 일상 속에서 교사로 살아가는 이야기를 담담하게 풀어내고 있다.

좁은 임용의 관문을 통과하기 위해 온갖 스트레스를 견디며 교사가 되기를 갈망한 신규 선생님의 이야기에서 예전에 내가 처음 교사로서 아이들을 만났던 모습이 떠올랐다. 시대는 조금 다르지만 교사로서 살아가고자 하는 마음은 똑같구나. 신규 선생님이 교실 속에서 만나는 모습과 내가 만난 아이들의 모습이 하나의 그림처럼 겹쳐졌다.

서커스를 하는 맹수는 더 이상 맹수가 아니다. 조련사의 채찍질과 당근에 길들여져 야성을 잃어버렸기 때문이다. 더 슬픈 것은 반복된 훈련으로 재주를 부려 관객들의 환호성에 길들여져 가는 맹수의 모습이다.

우리 선생님들이 그러지 않았을까 걱정을 했다. 정해 놓은 길을 가도록 안내하는 조련사로 길들여진 것은 아닐까. 그래서 학교는 '살아 숨 쉬는 사람이 살지 못하는' 더 이상 맹수가 살아갈 수 없는 곳이 되어 버리진 않을까 하는 걱정이었다.

괜한 기우였다.

소담초는 교사가 교사의 역할을 잃어버리지 않았다는 증거를 이 책을 통해 보여 주고 있다. 교실을 넘고, 학교를 넘으려고 한다. 그것은 환호를 받기 위함이 아니라 아이들의 삶을 더 가까이에서 들여다보고 기꺼이 같이하기 위함일 것이다. 조련사의 모습이 아니었다. 기꺼이 '나'를 찾는 과정이었다. 그 안에서 다시 교사로서의 야성을 찾아가고 있었다. 덕분에 나의 역할도 다시 생각해 본다.

두 번째 이야기는 '학교자치를 부탁해'라는 큰 제목에 '교육과정 중심 업무 재구조화의 실제'라는 부제가 붙어 있었다.

우선 의문이 든다. 출판되는 혁신학교 책들은 대부분 수업, 평가, 토론, 프로젝트 등의 이름을 달고 있다. 그것이 학교 본연의 모습이며, 가장 유용하고 직접적이기 때문이다. 당연하다. 그런데 어째서 신설 학교나 마찬가지인 소담초에서 '지속가능성'이나 '업무 재구조화'라는 접근하기 어려운 주제를 전면에 내세웠을까.

읽는 동안 '두껍아, 두껍아 헌 집 줄게, 새집 다오'라는 전래 동요가 떠올랐다.

그래 집을 짓고 있구나!

흔히 넓은 거실, 커다란 창문, 알록달록한 벽, 화려한 인테리어가 있는 집을 좋은 집이라고 한다. 하지만 진짜 좋은 집은 밖에서 보기 좋은 집이 아니라 그 안에서 살고 있는 사람이 '주인'인 집이다.

삼삼오오 모여 집을 짓고 있다. 새집이 아니어도 된단다. 멋 부리려 큰 창문도, 화려한 벽지도 욕심내지 않는다. 우리 집은 우리 집답게. 특히 소담초의 두레 운영체제는 지금 터를 닦고, 기둥을 세우고 있다. 학교자치라는 이상을 머리에 담고 하나씩 스스로 살아가기 위한 집을 짓고 있다.

그 와중에 각각의 기둥을 버팀으로 만들어 가는 이야기는 새롭다. 아이들과 선생님, 그리고 학부모가 같이 만들어 가는 학교 축제 '놀담먹담꿈꾸담'은 소담초이기 때문에 가능한 학교 축제의 모습을 보여 준다. 또 연수원학교는 연수의 진짜 모습을, 세상에 하나밖에 없는 연수를 보여 준다. 학생회에서, 학급에서 이루어지는 학생자치의 잔뿌리가 내리고 있는 모습을 보여 준다. 선생님들은 그것을 지원하기 위해 또 공부하고 있다. 이러한 과정을 보면 왜 두레라는 기둥을 세웠는지 그 시작을 짐작할 수 있다.

지금까지 한 일보다 해야 할 일이 많다. 과정에서 느껴지는 팽팽한 긴장감은 불안함보다는 오히려 든든함을 준다.

학교는 어떠해야 할까? 오래된 고민이다.
고민은 답을 준다.
소담초도 고민 속에서 답을 찾아가고 있다.

2019년 2월

소담의 꽃은 참 예쁩니다

소담초등학교 교장 황미애

꽃은 참 예쁘다. 풀꽃도 예쁘다.
이 꽃 저 꽃 저 꽃 이 꽃
예쁘지 않은 꽃은 없~다.

교감 시절, 귀에 자주 들리던 동요가 지금은 최애 동요가 되었습니다. 흥얼거릴 때마다 정말 예쁜 꽃들이 한아름 안기는 듯합니다. 아이들의 얼굴을 보고 이름을 불러 주니 모두 꽃이 됩니다. 아이들만이 아니고 우리 소담의 선생님들도 꽃이 됩니다.

아침맞이를 하기 위해 조금 일찍 출근하면 벌써 선생님들의 차가 주차되어 있고, 교문에서 선생님들과 반갑게 인사를 합니다.

"교장 선생님, 고생하세요."

"아침밥은 먹고 출근하셨어요? 오늘도 파이팅!"

참 예쁜 선생님들이십니다.

4학년 학년연구실에는 침대가 놓여 있습니다. 의아하시겠지요?

반 아이가 심장병으로 힘들어하면 얼른 누워서 쉬어야 하는데 보건실까지 가기보다 가까운 학년연구실에서 잠깐씩 쉬게 하면 좋겠다는 이야기가 있었습니다. 연구실에 어울리지 않지만 아픈 아이를 생각하는 담임의 배려로 옮겨 놓게 되었습니다. 또한 아이가 결석을 하게 되면 다음 수업에 지장이 없도록 토요일이라도 개별 지도를 해 주셨다지요.

부모님이 초등학교 시절 갖고 있는 운동회의 추억을 1학년에게도 주고 싶다며 온 가족이 참여할 수 있는 토요일에 운동회를 하고, 각종 설명회, 성장발표회 등을 저녁 시간에 하니 초과근무 수당도 없는 교장에게 시간외근무를 시킨다고 혼잣말로 투덜대기를 얼마나 많이 했는지요?

다양한 관심사를 아이들과 함께 공유하며 자발적 동아리를 만들어 학교 안과 학교 밖에서 체험 위주의 활동을 하고, 주말이면 반 아이들과 학교 밖 데이트를 하는 담임들이 있어 잘 다녀왔다는 문자를 받아야 안심할 수 있는 긴장감도 곧잘 선물해 주곤 했습니다.

파노라마로 지나가는 장면 중 6학년과 1학년의 숲 체험 활동과 서로에게 동화책 읽어 주기 활동, 그리고 3학년의 뮤지컬 영화제 등등 잊을 수 없는 것이 너무 많습니다. 양손에 동생들의 손을 잡고 다정스레 챙겨 주며 걸어가는 뒷모습, 사탕을 챙겨 오는 언니를 아침 일찍 와서 반갑게 맞아 주는 동생. 선후배의 정이 느껴지는 장면이 아주 많았습니다. 학기 초부터 1년 프로젝트로 진행된 뮤지컬 영화제 또한 드러나지 않는 수고에 고개가 절로 끄덕였습니다. 학년마다 교육과정과 연계하여 온책읽기 등 장기 프로젝트를 운영하다 보니 일일이 열거할 수 없을 정도로 많은 이야깃거리가 있습니다. 부화시킨 병아리가 장닭이 되었으나 시끄럽게 운다는 민원으로 시골로 보냈을 때 빈 닭장에 매달려 서운해하는 아이들을 어떻게 이해를 시켜야 할지 난감하기도 했고, 교목인 매실나무 열매로 매실청을 담그고, 소담워터파크 개장, 교육 3주체의 합작인 소담축제, 활발한 학부모회 활동 등등. 정말 바쁘게 살아왔습니다.

결재해 준 긴장과 예상하지 못했던 많은 감동을 들여다보면 과정 하나하나에서 아이들의 배움이 일어나도록 얼마나 많은 시간을 함께 고민하며, 함께 노력했는지 조금은 알게 됩니다. 현재의 위치에서 무엇을 고민해야 하고 어떻게 노력해야 하는지 본질에 대해 늘 질문을 하곤 했습니다. 그럴 때마다 서로서로에게 지혜를 나눠 주고 어깨를 빌려 주며 힘을 보태는 하루하루 의미 있는 생활을 하시는 선생님들의 열정과 노고를 알기에 교장의 불평은 부끄럽기만 합니다. 오히려 감사하고 안타까운 마음만 남습니다. '피할 수 없다면 즐겨라'는 말 대신에 소담의 선생님들은 '선택하였으니 즐긴다'라고 할 수 있을 것입니다.

혁신학교 1년 차를 보내며 나온 책 『어쩌다 혁신학교』 제목만 보면 어찌어찌하다 보니 혁신학교를 하게 된 것 같은 단순함이 느껴지지만, 그것이 전부가 아닌 것은 조금만 자세히 들여다보면 알게 됩니다. 2년 차를 보내며 『그래도 혁신학교』를 발간하게 되었습니다. 해 보지 않았던 그래서 조금은 낯설어 주저했지만 막상 해 보니 그래도 역시 하기를 잘했다는 의미로 받아들여지는 순진함이 있습니다. 교장으로서 혁신학교를 같이 시작했지만 속속들이 전부 다 안다고 장담은 못 하니다. 그렇지만 무엇을 고민하고 어떻게 해결해 나가며 어떤 조아바(좋은 점, 아쉬운 점, 바라는 점)가 있었는지 공유할 수 있었습니다.

『그래도 혁신학교』에서는 여덟 분의 선생님들이 짧게는 6개월, 길게는 2년 6개월 소담초에서의 생활을 기록했습니다. 첫 발령을 받은 신규 교사부터 소담초의 혁신학교 시작을 같이한 선생님까지 그리고 좌충우돌하는 모습에서부터 백조의 우아한 모습에는 끊임없는 갈퀴질이 있었음을 깨닫기까지의 과정이 있습니다. 아이들과 함께 교사도 성장하고 있음을 알게 될 것입니다.

보이는 것만이, 듣게 된 것만이 전부가 아님을 어느 순간 깨닫게 될 것이라 생각합니다. 자세히 들여다보면 보이지 않았던 것, 들리지 않았던 것까지, 또 보이고 싶지 않았던 것까지 보일 것입니다. 붉은 대추 한 알에 담긴 수많은 태풍과 천둥, 그리고 무서리 등. 저절로 되는 것은 없음을 알게 될 것입니다. 정답은 없습니다. 여전히 만들어 가고 있습니다.

소담초의 새벽을 깨우는 많은 소리와 손길들, 그리고 맛있는 냄새까지도 자랑하고 싶고, 감사드리고 싶은 분들이 너무 많습니다. 『그래도 혁신학교』책이 나오기까지 소담초의 모든 교육 가족들에게 무한한 감사를 드리며, 소담초의 소소하지만 소담한 이야기는 계속될 것이라 믿습니다. 감사합니다.

2019년 2월

일상의 장면들이
하나의 구슬로 알알이 맺히는 순간

사람이 온다는 건 / 실은 어마어마한 일이다 / 그는 그의
과거와 / 현재와 / 그리고 / 그의 미래와 함께 오기 때문이
다 / 한 사람의 일생이 오기 때문이다 / 부서지기 쉬운 / 그
래서 부서지기도 했을 / 마음이 오는 것이다 / 그 갈피를 /
아마 바람은 더듬어 볼 수 있을 만큼, / 내 마음이 그런 바
람을 흉내 낸다면 / 필경 환대가 될 것이다.

-「방문객」, 정현종

이 시를 좋아합니다.

사람을 만날 때마다 떠올립니다. 사람이 온다는 건 그의 과거와 현
재와 그리고 그의 미래가 함께 온다는 의미니까요. 사람이 궁금합니다.

"에세이 한번 써 봐야지? 언제 이런 기회가 오겠어?"

선배 교사의 제의에 연습한다는 마음으로 에세이팀에 들어갔습니
다. 선배 교사는 나에게 기회라는 선물을 주고 싶었는지 1권 편집장과

함께 머리말까지 맡겼습니다.

　기회라고 생각하고 써 보기로 했습니다. 받은 글들을 하나로 묶어 내며 찬찬히 읽어 봅니다. 나도 모르게 웃고 있는 나를 발견합니다.

　여러 '사람책'을 만납니다. 나와 다른 사람들의 인생이 흥미롭습니다. 데면데면하던 선생님들이 온전한 사람으로 가슴 안으로 들어옵니다.

　그 사람의 글을 만난다는 것은 그렇게 어마어마한 일임을 다시 한번 느낍니다. 규모가 큰 학교에 살면 만나는 사람을 알알이 알지 못하고 스치듯 만나게 됩니다. 겨우 친한 선생님들 속에서 작은 얘기를 나누며 곧장 자기 학급에 파묻혀 하루살이처럼 살게 됩니다. 하지만 그 사람의 글을 만나는 것은 어마어마한 일입니다. 스치듯 만난 인연조차 예사롭지 않게 여기게 됩니다.

　이 책을 읽어 보면 '사람책'을 만날 수 있습니다. 그리고 '혁신학교'인 '소담초등학교'의 소소한 이야기를 만날 수 있습니다. 읽다 보면 우리가 함께 가고자 하는 방향이 다르지 않다고 느낄 겁니다.

소담초등학교는 혁신학교 2년을 넘어가고 있습니다. 6개월, 1년, 2년, 2년 6개월 차 소담살이를 하고 있는 여러 선생님들의 이야기가 있습니다. 하마터면 학급에 파묻혔을지도 모를 사랑 가득한 교사의 이야기가 세상으로 나옵니다.

거창하지 않습니다. 소소한 자신의 이야기를 담담하게 풀어 갈 뿐입니다. 우리의 이야기를 읽고 여러분도 용기를 내어 펜을 들면 좋겠습니다. 그저 흘러가기만 한 일상의 장면들이 하나의 구슬로 알알이 맺혀 글이라는 새 생명을 가지는 새로운 경험을 하게 될 겁니다. 그 매력을 함께하고 싶습니다.

에세이 팀을 대신하여
박은혜 씀

차례

1장

사랑이 가득한 소담

소담살이 6개월 차 조은정

이렇게나 사랑스러운 아이들이
내 앞에 앉아
눈을 동그랗게 뜨고 바라볼 때
그때가 가장 행복한 순간이다
가끔은 우리 반 아이들이
너무 귀엽고 사랑스러워서
'선생님 하기 잘했다!' 하는 생각이 든다.

"선생님, 우리 학교는 혁신학교라서 열정적인 선생님들이 아주 많으세요. 선생님도 열심히 해 주셔야 해요. 아시겠죠?"

전화기 건너편으로 호탕한 목소리의 교장 선생님께서 건네는 말씀에 무언가 쪼그라드는 느낌이다. 전화를 끊자마자 인터넷에 바로 '소담초등학교'를 검색해 보았다.

기사가 여러 개 좌르륵 뜬다. 세종시 소담초 아빠와 함께하는 1박 2일 캠프, 세종 소담초 교사들이 만든 『어쩌다 혁신학교』, 소담초 지리산 원정대 등 다양한 기사들이 있었다. 대충 눈으로 훑어보았다. 평범한 느낌은 아니었다. 소담초에 가면 저런 활동들을 다 하는 건가? 특이한 활동을 많이 하네. 아이들은 학교 다닐 맛 나겠다.

'혁신', '열정'이라니!

지난 내 인생과 저 단어들과의 적합도를 계산하면 한 3% 정도이지 않을까 싶은데, 나 같은 사람이 혁신학교에 첫 발령을 받게 되었구나, 이러다 학교 부적응자가 되는 것은 아닐까, 같은 오만 가지의 생각이

들었다.

　게다가 혁신학교 발령 소식을 전하니 다 같이 아무것도 모르는 신규 1년 차들인 대학 동기들은 '어머며 이제 고생길 시작이다', '혁신학교라니 어마어마하다!', '엄청 힘들겠지만 너의 교직생활에 도움이 될 것이다' 등 심란한 이야기를 건네주었다.

　혁신학교가 어떤 학교인지도 잘 모르면서, 소담초등학교가 어떤 학교인지도 모르면서 나의 걱정병은 시작되었고, 온갖 상상의 나래를 펼치며 두려운 마음으로 소담초에 가게 되었다.

　처음 학교에 간 날, 나를 포함해 7명의 신규 선생님들을 만났다. 어디선가 한 번쯤 본 것 같은 얼굴들이다. 대학에서 스쳐 지나가며 본 동기들도 있고, 임용 시험장에서 본 얼굴도 있었다. 서로 어색한 인사를 주고받고 학년을 배정받았다. 2학년이다! 교생실습 때도, 발령 대기 중 기간제를 했을 때도 한 번도 해 보지 못했던 학년이다. 당장 이틀 후 학교는 개학이었고, 아파트 입주로 인해 학급이 증설된 상황이라서 바로 출근을 해야 했다.

　나는 그렇게 2학년 사랑반 담임선생님이 되었다.

첫 출근을 하다

　8월 14일, 처음 학교에 갔는데 이틀 후 전학생들이 우리 반으로 온단다. 약 2년간 묵어 있었던 먼지구덩이 새 교실을 받았다. 한 4시간을 쓸고 닦고 했는데도 먼지가 묻어 나온다.

교실 청소는 끝이 없고, 당장 교실에는 교과서는 고사하고 연필 한 자루 굴러다니지 않았다. 시간표는 무엇인지, 교과서는 어디에 있는지, 쿨메신저는 왜 안 깔리는 건지. 아무것도 준비가 안 되었는데 이틀 후면 전학생들이 몰려올 생각을 하니 막막했다.

내가 생각한 아이들과의 첫 만남은 정돈된 교실에서 철저한 준비와 함께 시작하는 것이었는데. 청소만 했는데도 하루가 다 갔다. 다른 신규 선생님들은 준비가 다 되었는지 집에 돌아가고 아무도 없다. 진짜 큰일이다. 나, 이 학교에서 잘할 수 있을까?

2018년 8월 16일, 첫 출근을 했다. 내가 진짜로 소담초에 발령받을 줄은 상상도 못 했다. 임고생 시절 자전거를 타고 동네 구경을 하다가 소담초등학교 앞을 지나간 적이 있었다.

그때 속으로 '내년에 꼭 합격해서 이런 학교에 발령받아야지'라고 생각했는데, 현실이 되다니. 꿈인지 생시인지 얼떨떨한 기분에 젖을 틈도 없이 첫날은 좌충우돌의 연속이었다.

분명 엊그제에는 잘되던 인터넷 연결이 되지 않았다. 첫날 아이들과 할 자료를 뽑아야 하는데 프린터와 연결된 연구실 컴퓨터도 고장이 났다. 아침부터 혼미한 상황에서 전학생 두 명이 부모님과 함께 교실에 왔다. 아이들 표정을 보니 긴장한 기색이 역력하다.

"선생님 이름은 타조 할 때 조에 은하수 할 때 은, 그리고 정리정돈 할 때 정이에요."

이런 유치한 이름 소개에 아이들은 좋다고 까르르 웃는다. 이름 옆에 타조 한 마리와 은하수, 분리수거 상자를 그렸더니 눈이 반짝인다. 아이들 이름으로도 이렇게 소개하고 그림도 그리니 얼어붙은 아이들 표정이 환하게 녹는다.

　하루가 어떻게 흘렀는지도 모르겠다. 두 명의 아이들을 보내고 숨 돌릴 틈도 없이 학년교육과정 재구성을 하러 연구실에 갔다. 우리 2학년은 주제중심으로 교육과정 재구성을 해서 운영하기로 하였다. 말로만 듣던 주제중심 교육과정을 직접 운영해 보게 되어서 신기했다.

　능력자 선생님들께서 각 과목의 단원들을 살펴보고 관련 있는 성취기준들을 뽑아 주제로 엮어 오셨다. 첫 번째 주제는 '새샘마을'이었다. 통합교과 가을의 '동네 한 바퀴', 국어 6단원 '자세하게 소개해요', 10단원 '칭찬하는 말을 주고받아요', 수학 1단원 '네 자리 수', 5단원 '표와 그래프'를 '새샘마을'이라는 소담초 2학년의 실생활과 밀접한 주제로 묶었다.

　동네 자동차 표지판에 적힌 네 자리 수 적어 오기, 살기 좋은 마을을 위해 필요한 것을 조사하여 표와 그래프로 나타내기, 마을 사람 인터뷰하고 소개하는 글쓰기, 마을 사람 칭찬하는 편지 쓰기 등의 세부 활동도 정하고 평가 방법도 함께 고민했다.

　회의를 하면서 여러 가지 생각이 둥둥 떠다녔다. 우선 감사한 마음이 들었다. 소담초에 발령이 나서 이렇게 훌륭한 동학년 선생님들과 교육과정에 대해 함께 고민하고 의견을 나눌 수 있음에 행복했다.

　한편으로는 걱정도 되었다. 나는 아무런 도움이 되지 못하는 것 같았기 때문이다. 회의 시간 내내 동학년 선생님들의 넘치는 아이디어와 추진력을 바라보면서 감탄하다가 회의는 끝나 버렸다. 실제로 첫 회의뿐 아니라 이어진 몇 주간의 회의에서도 나는 경청과 놀람만 반복하다가 회의가 끝나 버리기 일쑤였다. 하지만 이런 나에게 동학년 선생님들께서는 '신규는 많이 배우고 익힐 시기'라며 많은 조언을 해 주시고, 작은 일 하나에도 아낌없는 칭찬과 격려를 보내 주셨다. 참 감사한 분들이다.

그다음 주에는 신규들을 대상으로 학교 안내 연수가 있었다. 유우석 선생님께서 학교를 소개하면서 말씀하셨다.

"홀로서기와 함께하기로 삶을 가꾸는 소담교육은 우리 학교 비전입니다. 여기서 '홀로서기', '함께하기', '삶을 가꾸는'을 들으면 어떤 것이 떠오르나요?"

속으로 조금 놀랐다. 학교 비전이 뻔하지 않은 것, 그리고 신규들에게 그 의미를 알려 주시려는 것, 구성원들이 그 의미를 알고 비전을 실천할 수 있도록 하는 것. 혁신학교라서 역시 다르다고 생각했다.

포스트잇에 떠오르는 것을 적고 서로 의견을 들어 보았다. 같은 단어인데도 서로 생각하는 것이 참 다양했다. 다채로운 생각들을 가진 선생님들과 홀로서기와 함께하기로 삶을 가꾸는 교육을 펼칠 앞으로의 날들이 기대되는 순간이었다.

사랑이 넘치는 사랑반

발령이 났으니 우리 교실을 잘 꾸려 나가야겠다는 큰 포부와 함께 서점에 갔다. 아이들이 아무것도 모르는 나 같은 신규 교사를 만나 허술한 학교생활을 하게 될까 봐 걱정됐다. 서점에서 이것저것 들춰 보다가 『허승환, 나승빈의 승승장구 학급경영』, 『서준호 선생님의 학급

놀이백과 239』 책 두 권을 사 왔다. 밑줄을 쳐 가며 첫날 교실에서 할 일들과 앞으로 교실을 세우기 위해 해야 할 일들을 살펴보았다. 책에는 '황금의 2주'를 잡으라고 쓰여 있었다.

학급 아이들이 아직 두 명뿐이라서 대부분의 활동은 적용하기가 어려웠다. 내가 계획한 학급경영은 뭔가 머리에 쏙 들어오는 것이 아니라 뜬구름 잡듯 어설펐다. 지금 생각하니 웃기지만, 두 아이를 데리고 학급 규칙을 세웠다. 두 명이라 나의 관심과 애정을 오롯이 받으니 아이들은 수업에 집중도 잘하고 규칙도 잘 지켰다. 책상을 모둠 형태로 만들고 아이 둘과 나까지 셋이서 마치 과외 하듯이 오순도순 공부했다. 며칠 지나니 전학생이 한 명 더 왔다. 2명에서 3명, 7명, 8명, 9명, 10명, 11명, 13명, 14명, 15명, 16명, 17명, 18명. 우리 반은 매일 자기소개를 하고 교실놀이를 하며 친해졌고, 중간놀이시간에 전학생을 데리고 학교 탐방을 했다.

한동안은 월요일만 되면 긴장이 되었다. 월요일에는 꼭 전학생이 오기 때문이다. '오늘은 몇 명이 올까?' 우리 반 아이들은 긴장한 나와는 달리 기대감에 한껏 부풀어 전학 올 친구들을 기다렸다.

"선생님! 오늘 전학생 와요?"

"왔으면 좋겠다. 이번에는 꼭 남자로!"

"아니야! 여자여야 돼! 여자가 한 명 부족하잖아!"

선생님부터 학생까지 모두가 전학생인 우리 반은 놀라울 정도로 빠른 적응 속도를 보여 주었다. 전학을 와서 어색하고 낯선 환경이었을 텐데 잘 적응해 준 우리 반 아이들이 대견하다.

"선생님, 우리 반은 신기해요. 하루면 적응 완료예요."

이렇게 말할 정도로 금세 서로 친해지고 전학 온 친구들을 배려하는 고운 마음을 가진 아이들이 참 예뻤다.

어느 날 아침에 슬쩍, 전학 오기 전이 더 좋은지 온 후가 더 좋은지 물어보니 다들 온 후가 좋단다. 친구들이 너무 재밌고 선생님도 좋다는 아이들에게 고마웠다. 나도 이 아이들처럼 이 학교에 온 지 얼마 안 되는 어리바리 신규인데. 이렇게 하는 것이 맞는지 모르겠고 선생님 역할이 때로는 어려운데. 학교에 오는 것이 좋다는 말이 고마웠다.

선생님은 잘하고 있어요, 위로해 주는 것 같았다. 아이들은 이런 내 마음을 알까?

"선생님! 선생님! 선생님 있잖아요, 선생님 어제요, 그런데요, 선생님 선생님 선생님."

오늘 하루만 해도 100번은 넘게 들은 것 같다. 아침에 도착해서 교실 문을 열면 먹이를 물고 온 어미 새를 찾듯이 우리 반 아이들이 쪼르르 모여든다.

"선생님, 제가 오늘 얘를 만났는데요."

"선생님, 어제 엄마가요."

"선생님, 이거 뭐예요?"

마치 돌림 노래를 하듯 여러 목소리가 겹쳐서 울려 퍼진다. 절대 다른 친구 이야기가 끝날 때까지 기다리지 않는다. 자신의 이야기를 하지 않으면 금방이라도 이 세상이 끝날 것같이 찍찍거리는 우리 반 아이들을 보고 있으면 황당하기도 하고 그 모습이 귀여워 웃음이 터지기도 한다.

우리 반 아이들이 가장 관심이 많은 것은 내 개인 신상이다.

"선생님, 대체 몇 살이에요? 아, 제발요!"

우림이는 매일매일 내 나이를 물어본다. 처음에는 60살이었다가, 150살이었다가, 500살까지 내 나이는 매일 바뀐다. 이쯤 하면 지칠 법도 한데 우림이는 그래도 또 내 나이를 물어본다. 예리한 시원이는 '선생님, 60살 넘으면 선생님 못한다는데요?'라며 논리적으로 추측한다.

이 와중에 다현이와 용진이는 진지하게 얘기해 준다.

"선생님은 한 27살 같아요."

"아니야, 선생님은 31세 정도로 보여."

아니라고 화도 못 내겠다. 차라리 500살이고 싶다.

승현이는 나의 결혼 여부에 관심이 많다.

"선생님, 결혼했어요, 안 했어요?"

안 했다고 했더니, 어느 날은 급식을 먹다가 나에게 슬쩍 말을 건넨다.

"선생님, 어제 드라마 보다가 선생님 생각났어요."

"무슨 드라마 봤는데?"

"〈하나뿐인 내 편〉이요."

"어! 선생님도 어제 그거 봤는데. 도란이 결혼식 했잖아."

"그러니까요. 선생님도 빨리 좋은 남편 만나서 결혼해야죠."

푸하핫. 밥 먹는데 웃겨서 체할 뻔했다.

이렇게 순수한 영혼들과 함께할 수 있음에 감사하다. 아이들의 투명하고 맑은 말들을 듣고 있으면 내 영혼까지 함께 맑아지는 느낌이다. 우리 반 아이들은 반 이름처럼 항상 사랑이 넘친다.

'선생님 사랑해요!'라며 나를 꼭 껴안아 주고, 친구들과도 하하 호호 사이좋게 지낸다. 서로 다투다가도 '눈 바라보고 서로 악수하세요'라는 말에 서로 웃음이 터져서 토라진 마음이 금세 풀리기도 한다.

이렇게나 사랑스러운 아이들이 내 앞에 앉아 눈을 동그랗게 뜨고 바라볼 때, 그때가 가장 행복한 순간이다. 가끔은 우리 반 아이들이 너무 귀엽고 사랑스러워서 '선생님 하기 잘했다!' 하는 생각이 든다.

저도 선생님이 될래요

"얘들아, 너희는 나중에 커서 어떤 사람이 되고 싶어?"

"평범한 사람이요."

"유치원 선생님이요."

"비행기 조종사요."

질문 한 번에 우리 반은 금세 짹짹거리는 아기 새들처럼 소란스러워진다. 그중 선생님이 되고 싶다는 아이에게 물어보았다.

"왜 선생님이 되고 싶니?"

"아이들을 돌보고 싶어서요."

아이들에게 한 질문이지만, 나에게도 묻게 된다. 나는 왜 선생님이 되고 싶었을까.

5학년이 되던 첫날, 떨리는 마음으로 교실 문을 열자 긴 파마머리에 둥글둥글한 인상의 선생님이 계셨다. 선생님은 정신없이 짐을 정리하시더니 칠판에 그림을 쓱쓱 그리기 시작하셨다.

"…우리 반도 함께 소중한 한 해를 보냈으면 좋겠어요."

무슨 말을 하셨는지 정확히 기억은 나지 않지만, 그날의 분위기가 뿌옇게 떠오른다. 뭔가 특별하고, 따뜻하고, 설레는 느낌. 5학년이 아주 특별한 해가 될 것 같은 그런 느낌이 강하게 들었다.

예감대로, 5학년은 아주 특별한 해였다. 친구들도 좋고, 선생님도 좋고, 공부하는 것도 즐거웠다. 학교 가는 것이 기다려졌다. 선생님의 눈빛, 아이들을 대하는 모습에서 우리를 진심으로 사랑하신다는 것이 느껴졌다.

선생님은 매일 일기를 써서 교실 뒤편에 걸어 두셨다. 일기 속에는 우리 반 친구들이 싸워서 선생님이 속상했던 일, 주말에 전시회에 간 일, 좋아하는 가수의 노래를 홍보하는 이야기 등이 담겨 있었다. 선생님의 속마음을 읽는 건 아주 재미있고 짜릿했다. 매일 선생님의 일기를 읽고 친구들과 댓글을 달았다.

'선생님 저도 박효신 좋아해요.'

'얘들아, 선생님 힘드시니까 우리 싸우지 말자!'

칭찬통장에 칭찬도장이 50개 쌓인 날에는 선생님과 컵라면을 먹었다. 선생님과 도란도란 이야기를 나누는 그 시간이 좋았다. 선생님이 하시는 모든 것이 멋져 보였다. 선생님처럼 아이들과 교환 일기를 쓰고, 아이들의 일기장에 예쁜 도장을 찍는 사람이 되고 싶었다.

"선생님! 선생님이 되려면 어떻게 하면 돼요?"

선생님은 교대에 가면 된다고 하셨다. 꼭 교대에 가야겠다고 생각했다. 그렇게 행복했던 5학년이 정말 끝나 버린 봄방학에, 선생님께서는 1년 사진이 담긴 CD파일과 함께 쪽지를 써 주셨다.

담임선생님 쪽지 사진

이때부터 나의 꿈은 선생님이 되었다. 중학생, 고등학생이 되어도 꿈은 변하지 않았다.

고등학생 때는 바쁜 틈을 쪼개 아동센터에 가서 초등학생들을 가르치는 봉사를 했다. 잠깐이지만 아이들과 있을 때가 행복했다. 특히 주변 환경으로 인해 마음을 닫은 아이들이 마음을 열고 올바르게 변화하는 모습을 볼 때 보람을 느꼈다. 선생님이 정말 되고 싶었다. 나의 초등학교 시절 선생님처럼, 모두가 소중한 사람이라는 생각을 가지고 행복하게 학교생활을 할 수 있도록 돕는 따뜻한 선생님이 되고 싶었다.

막상 교대에 입학하니 바람 빠진 풍선처럼 모든 게 사그라들었다. 교대에서 배우는 것은 내가 기대한 것과는 많이 달랐다. 그렇게 3년이 지나고 남아 있던 열정이 모두 밑바닥을 보일 때쯤 임고생이 되었다. 4년간의 타지 생활에 지쳐서 무조건 집으로 들어가야겠다는 생각 하나로 세종에 지원했다. 최종 합격 발표가 나던 날 밤을 꼴딱 새웠다.

합격이었다. 합격하는 그 순간에는 날아갈 듯 기쁠 줄만 알았는데 엉엉 울었다. 합격해서 기쁘기보다는 피 말리는 임용 공부를 1년 더 하지 않아도 돼서 다행이라는 안도감이 더 컸다. 선생님을 꿈꾸던 초등학교 5학년의 나와 교대 입학을 간절히 바라던 고등학교 3학년의 나는 없어진 지 오래였다.

그렇게 지친 상태로 시간은 흘렀고 발령 전화를 받게 되었다. 기다려 왔지만 한편으로는 오지 않았으면 좋겠다고 생각했던 발령이었다. 하지만 한 학기가 지난 지금은 그때 발령이 나서 참 다행이라는 생각이 든다. 아무런 기대도 하지 않았던 나에게 소담초 발령과 2학년 사랑반 담임이 된 것은 꺼져 가던 열정을 다시 타오르게 한 깜짝 선물처럼 느껴진다.

사랑반 제1회 학급회의

"선생님! 우리 반은 뮤직비디오 있어요. 여기서도 만들고 싶어요."

전학 온 지 3일 된 용진이가 말한다. 소담초 2학년 사랑반은 우리 학교, 우리 반이라고 부르기 어색하고 낯선가 보다. 예전에 다니던 학급에서 뮤직비디오를 만들었는데, 사랑반 친구들과도 만들고 싶다고 해서 아이들에게 물어보았다. 만들고 싶다, 만들고 싶지 않다 의견이 분분하다. 어떻게 할까 고민하다가 한번 회의를 해 봐야겠다 싶었다.

마침 국어 시간에 『형이 형인 까닭은』을 읽고 '동생에게 옷을 물려주어야 하는가?'에 대한 토론을 할 때 의견과 그 까닭을 잘 이야기했기 때문에, 2학년이지만 서로 의견을 나누고 조율하는 회의도 잘할 수 있을 거라는 기대감이 들었다.

기대 이상으로 우리 반 아이들은 회의를 잘해 냈다. 목소리가 우렁찬 친구도, 조금 수줍어하는 친구도 번갈아 가며 진행을 해 보았고, 꼬물꼬물 작은 손으로 칠판에 회의 내용을 적어 가면서 서로 의견을 나누었다.

첫 번째 안건, 뮤직비디오를 만들지 말지는 궁금이 상자에 찬반 투표 용지를 넣어 정하기로 했다. 다음으로는 어떤 곡으로 만들지를 정했다. '아홉 살 인생' 중 가장 좋은 노래를 추천해 보자고 했더니 여러 후보들이 나왔다. 〈네모의 꿈〉, 〈풍선〉, 〈불타오르네〉, 〈바람의 멜로디〉 등 다양한 곡들이 등장했고, 다 같이 노래를 들어 본 후 〈바람의 멜로디〉로 정했다.

누군가가 '전학생이 오거나 결석하면 어떻게 할까?'라고 물었다. 그러자 '결석한 사람 것을 전학생이 그리거나, 결석한 사람은 집에서 그려 온다. 만드는 날을 잘 정하자'라는 훌륭한 대답이 나왔다.

대망의 투표 결과 4명의 반대표가 있었지만 압도적인 찬성표가 나와 무사히 뮤직비디오 만들기는 시작되었다. 아이들이 열심히 그린 그림을 편집하고 음악을 넣어 뮤직비디오를 완성했다. 하나부터 열까지 아이들의 뜻이 반영된 소중한 작품이었다. 동영상을 틀자 다들 약속이라도 한 듯 노래를 따라 부르며 정말 좋아했다. 유튜브에도 올렸으면 좋겠다고 해서 올렸더니, 처음에 뮤직비디오를 만들기 싫다고 울먹

거렸던 아이가 댓글을 달아 놨다. '멋있다! 역시 우리 사랑반!'

서로 회의를 하며 의견을 나누고, 최선을 다해서 열심히 그리고, 완성된 작품을 즐길 줄 아는 우리 반 아이들이 대견한 나는 어쩔 수 없는 고슴도치 선생님인가 보다. 이날 이후에도 우리 반 아이들은 무슨일이 있거나 의견이 갈리면 바로 "선생님, 우리 회의해요!"라고 말해 나를 놀라게 했다. 멋있다! 역시, 우리 사랑반!

아이들은 자란다

12월 24일, 크리스마스 전날은 '3학년을 준비해요' 프로젝트가 있는 날이었다. 3학년이 되면 어떤 점이 궁금한지 적어 보라고 했더니 '수업은 몇 시에 끝나나요?', '음악 시간에는 뭘 배워요?', '무슨 과목을 배워요?', '급식은 늦게 먹어요?'와 같은 질문들이 쏟아져 나온다.

들뜬 아이들과 함께 질문을 적은 종이를 들고 3학년 바다반에 갔다. 3학년 아이들이 긴장한 표정으로 의자에 앉아 있었다. 2학년인 우리 반 아이들과 한 살 차이밖에 안 나지만 선배 티가 난다. 키도 더 크고, 표정도 진지하다. 2학년 동생들의 엉뚱한 질문에도 3학년 언니 오빠들은 열심히 대답해 준다.

남매 맺기를 하고 서로 궁금한 것도 물어보고, 크리스마스카드도 교환했다. 점심도 같이 먹고 운동장에서 함께 뛰어놀았다. 우리 반 아이는 "언니가 생겨서 너무 좋아요. 평생 저 안 까먹는대요"라며 신나 했다. 3학년 아이들이 2학년 동생들을 챙겨 주는 모습이 보기 좋왔다.

한편으로는 1년 사이에 아이들이 참 많이 자라는구나 싶어서 기분이 묘했다. 당장 우리 반 아이들만 봐도 처음 전학 왔을 때보다 몸도 마음도 많이 자랐다는 것이 느껴진다. 아기 티가 폴폴 나던 아이들이 키도 쑥 자라고, 자기중심적이고 뾰족하던 생각과 말들이 상대방을 생각하며 조금씩 둥글둥글해졌다. 우리 반 아이들도 1년 후에는 저렇게 건강하게 자라 동생들을 챙길 줄 아는 멋진 3학년이 되어 있겠지!

아이들은 자라는 것이 눈에 보이는데, '나는 교사로서 성장하고 있나'라는 질문에 말문이 턱 막힌다.

하나씩 생각해 보니 우리 반 아이들의 몸과 마음이 건강하게 자라나듯 나도 교사로서 전문성을 향상시키는 시간들이어야 했는데 그렇지 못한 것 같아 반성이 되었다.

그래서 다가오는 2019년에는 교사로서 성장하는 것이 첫 번째 목표다.

이름을 부르면 한 그루 나무로 걸어오고
사랑해 주면 한 송이 꽃으로 피어나는
나의 학생들이 있어 행복합니다.
그들과 함께 생각하고 꿈을 꾸고
희망을 이야기할 수 있어 감사합니다.

힘든 일 있어도 내가 처음으로 교단에 섰을 때의
떨리는 두려움 설레는 첫 마음을 기억하며

겸손한 자세로 극복하게 해 주십시오.

-이해인, 「어느 교사의 기도」 중에서

우리 반 아이들과의 헤어짐이 며칠 남지 않았다. 짧게는 한 달, 길게는 반년 동안 아이들과 함께하며 정이 많이 들었는지 3학년으로 올려 보내기 걱정되는 마음과 아쉬운 마음이 뒤섞여 괜히 싱숭생숭하다.

우리 반 아이들을 비롯한 소담초의 모든 아이들이 건강하고 씩씩하게 자라나기를, 작은 것에 감사할 줄 알고 자신을 소중히 여길 줄 아는 마음을 가진 멋진 사람으로 커 나가기를, 그리고 내년에는 한 뼘 더 성장한 교사가 되어 있기를, 두 손 모아 기도해 본다.

2장

선생님은 처음이라

소담살이 6개월 차 오윤미

어리숙했던 한 학기가
책에 남겨질 것이라고 생각하니
행복함과 민망함이 공존한다.
그래도 신규 교사의 고민과 반성은
소담 에세이라는
내겐 조금 버거웠던 과제 덕분에
마음속 깊은 곳에 뿌리내릴 것이다.
그리고 이것이 언젠가는
사철 푸른 나무로 자라나
아이들이 기댈 수 있는
교사로 성장하는 데
밑거름이 되어 줄 것을 믿는다.

기대

"나는 광주에 뼈를 묻을 거야."

입버릇처럼 하던 말이었다. 막 교대에 들어왔을 즈음에 곧 죽어도 나고 자란 광주에서 선생님을 하고 싶었다. 신입생일 때 200명을 넉넉히 웃돌던 광주 초등 교사 선발 인원이 3학년이 되고 보니 18명이었다.

내가 시험을 보던 해는 더 심했다. 앞으로 몇 년 동안은 희망적인 전망이 없을 거라고 듣긴 했지만 아무리 그래도 그렇지 반 토막도 아니고 반의반 토막, 딱 5명이었다. 재수를 해도 이건 못할 것 같다. 광주 말고는 딱히 가고 싶은 곳이 없었기에 고민을 해야 했다.

너무 시골도 싫고, 너무 도시도 싫었다. 거기에 꼭 들어맞는 곳이 세종이라고 생각했다. 여러 지역 사람들이 모이는 곳이라 지역색 없이 열려 있다는 느낌도 좋았다.

이러한 개방성은 교육 비전에도 고스란히 드러났다. 세종의 학교는 뭔가 달라도 확실히 다를 것 같다는 막연한 기대감은 임용고시를 준비하는 내내 큰 동력이 되었다.

면접 준비를 위해 세종의 교육 정책에 대해 세부적으로 알아보면서 세종에서 근무하고 싶은 열망은 더욱 깊어졌다.

정말로 세종의 아이들은 학교와 마을을 넘나들며 공부할까? 미래의 행복을 위해 견디기보다 지금의 행복을 느끼며 삶을 배우고 있을까?

애매모호

붙여만 주시면 그 어떤 학교라도, 그 어떤 학생이라도 무한한 사랑과 기쁨으로 받아들이겠노라 다짐했다. 흔한 임용고시생의 초심과 간절함이 아니나 다를까 무뎌지던 즈음, 발령 전화를 받은 건 밤 열 시가 훌쩍 지난 시간이었다. 주변의 모든 사람들이 입을 모아 세종 발령은 적어도 내년까지 기다려야 할 거라고 했었다. 이렇게 덜컥 발령이 날 줄은 생각지도 못하고 며칠 뒤 친구와 함께 긴 여행을 계획해 두었는데.

만감이 교차했다. 그러나 느긋하게 당황스러워할 만한 여유가 없었다. 마음을 다잡고 진짜 선생님이 될 준비를 해야 했다.

소담초등학교라는 이름을 떨리는 손으로 받아 적고서는 검색창을 열었다. 굳이 애써 찾지 않아도 소담초등학교를 혁신학교라고 설명하는 글이 상단에 자리 잡고 있다. 그걸 보니 괜스레 당황스러웠는데 그게 설렘인지 부담인지 구분이 잘 안 됐다.

발령을 기다리며 광주에서 교육청 순회교사로 일을 하고 있을 때, 혁신학교에 간 적이 있었다. 혁신학교가 뭔지, 다른 학교에 비해 어떤 점이 차별화되는지가 궁금했던 나는 가벼운 마음으로 방과 후에 학교 여기저기를 둘러보다가 많은 선생님들이 교실에서 청소기를 돌리고 있는 것을 보게 되었다. 업무 때문에 방과 후에 더 바쁘고 분주한 여타 학교에서는 한 번도 본 적 없는 모습이었다.

"선생님, 저는 아이들 보내고 청소하는 선생님들은 이 학교에서 처음 봤어요."

퇴근 시간에 같은 정류장에서 버스를 기다리는 옆 반 선생님에게 말을 건넸다.

"그래요? 왜요?"

"다른 학교 선생님들은 업무 때문에 방과 후에 더 바쁘신 것 같던데요."

"우리는 업무지원팀이 있어서 담임들은 학급에 관련된 일 말고는 업무가 따로 없어요. 그래서 수업 연구나 학생들에게 집중할 시간 여유가 많아요. 되게 좋아요."

임용 2차 면접을 준비하면서 답변으로 몇 번이고 써먹었던 교사의 행정업무 경감이 실제로 이루어지는 학교가 있다는 것이 마냥 신기하고 부러웠다. 그런데 내가 발령받은 학교가 바로 그런 학교였던 것이다.

혁신학교에서 근무를 한다는 설렘이 마음 한편에 자리를 잡은 동시에 혁신이라는 단어에 대한 막연함은 내게 짐스러움으로 다가왔다. 업무지원팀의 유무 외에 기존 학교와 혁신학교를 구분하는 기준이 무엇인지 아는 것이 없었다. 인터넷으로 혁신학교에 대해 아무리 찾아봐도 왠지 뜬구름 잡는 것 같은 기분이 들었다. 더군다나 단 한 번도 혁신교육을 경험해 본 적이 없는 내가 학생들에게 혁신학교 교사로서 제 역할을 다 할 수 있을지도 걱정되었다.

이렇게 내가 갈 학교가 혁신학교라는 사실은 소담초등학교에 발을 들이는 순간까지 마냥 좋지만도, 마냥 싫지만도 않은 애매모호함으로 마음속에 오래도록 남아 있었다.

첫인상

세종시는 뭐든지 새것 티가 나는 도시다. 소담초등학교도 그렇다. 2016년에 개교하여 2017년에 혁신학교로 신규 지정되었다. 첫 인사를 드리고 학년을 배정받기 위해 소담초등학교를 찾은 날, 학교에서 출간했다는 책을 한 권 받았다. 학교에서 책을 내는 게 흔한 일이 아닌 만큼 내 손에 쥐어진 책에 자꾸만 눈길이 갔다.

제목은 『어쩌다 혁신학교』. 소담초등학교가 어떤 학교인지, 소담초등학교에서의 혁신은 어떤 의미인지에 대한 설명과 소담초등학교를 이루는 학생, 학부모, 교사의 이야기를 고스란히 담은 책이었다.

소담초등학교는 행복한 학교를 꿈꾸는 선생님들이 모여 일군 학교였다. 오롯이 자신들의 시간과 노력을 쏟아 가며 치열하게 공부하고 고민하여 학교를 만든 것이다. 그 과정을 읽고 있자니 교육에 대한 남다른 철학과 아이들을 향한 사랑이 책을 넘어 나에게로 전해졌다.

'이런 선생님들이 다 계시는구나.'

나는 여태 선생님들이 학교를 세울 수 있다는 생각을 해 본 적이 없었다. 이미 만들어진 학교에 끼워 넣어지는 줄로만 알았다. 진정성 있게 이루어지는 학생자치활동, 아버지회의 남다른 열정, 교가에 학교 뒷산 이름이 들어가지 않는다는 것까지. 책을 읽는 내내 놀랍고 신기했다.

새로운 학교를 직접 만들고 뜻을 펼치기 위해 고된 길을 택한 선생님들과 며칠 뒤 동료 교사로 만나게 될 것이라고 생각하니, 많은 사람들이 고생해서 차린 밥상에 멋모르는 내가 숟가락만 들고 가는 것 같은 기분이 들었다. 누가 되고 싶지 않다는 생각에 마음이 절로 다잡아졌다.

홀로 설 수 있어야 함께할 수 있다는 말을 좋아한다. 그래서 첫 출근 날, 정문으로 들어갈 때 보이는 소담초등학교 교육 비전도 좋아하게 되었다. '홀로서기와 함께하기로 삶을 가꾸는 우리'. 그 문장 옆에 자리 잡은 민들레가 소담스럽다.

정문에서 학교로 향하는 길에는 키 작은 해바라기가 줄지어 있었다. 이 해바라기를 우여곡절 끝에 피워 냈다는 이야기를 책에서 읽은 지라 반가운 마음이 들었다. 해바라기 길을 따라 들어가니 등교하는 아이들 한 명 한 명과 눈 맞추며 맞이하는 교장 선생님이 있었다. 머릿속으로만 그려 왔던 풍경이었다.

시작

지금까지 만났던 교실들은 서랍을 열면 필요한 물품이 있었고, 눈에 보이는 곳에 준비물이 갖춰져 있었다. 그러나 내가 처음으로 마주한 6학년 마루반 교실은 앞으로 아이들과 함께 꾸미고 만들어 가야 할 공간으로 가득했다. 빈 캔버스에 첫 획을 긋기가 망설여지듯이 나역시도 텅 빈 교실을 서성이며 갈피를 잡지 못했다. 당장 며칠 안에 어느 정도라도 구색을 갖추어야 한다는 생각에 조급한 마음이 앞섰지만 어디부터 손을 대야 할지 아득해져 먼저 다른 교실을 둘러보기로 했다.

창 너머로 바라본 교실들은 안정되고 포근한 분위기로 가득했다. 교실 곳곳에는 아이들의 정성과 선생님의 노력이 묻어났다. 여기저기 돌아보고 있자니 머릿속이 조금씩 정리되는 것 같았다. 당장 혼자서 할 수 있는 건 별로 없었으며, 아이들과 함께 채워 나가야 하는 것들이 대부분이었다. 교실은 매일매일 조금씩 채워져야 했다. 아이들과 함께 교실을 꾸며 나갈 생각에 마음이 설레었다.

나를 비롯한 발령 동기 대부분은 전학생으로만 채워지는 증설 학급의 담임이 되었다. 전학생이 몇 명일지는 개학 날이 되어야 안다고 했다. 나는 혹여 전학생이 한 명뿐일까 두려웠다. 이 책 저 책 살펴 가며 야심차게 세워 두었던 일주일 계획은 적어도 세 명 이상의 학생이 함께 해야 하는 활동들이었기 때문이다. 그러나 슬픈 예감은 빗나가지 않았다. 전학생은 한 명이었고, 나는 한 명의 학생을 위해 일주일 계획을 급히 수정해야 했다.

첫 출근 날, 교실에서 한 명의 학생을 기다리는 마음이 그렇게 떨릴 줄은 몰랐다. 내심 아무도 안 오기를, 하루만이라도 더 준비할 수 있는 시간이 주어지기를 바랐지만 키가 나만 한 여학생이 엄마와 함께 교실로 들어왔다. 아이의 다소 긴장한 모습에 나 역시도 자꾸만 목이 타고 두근거렸다. 아이의 이름은 은혜였고 꾹 다문 입술과 맑은 눈이 야무진 인상을 주는 아이였다. 은혜는 미국에서 지내다 2년 만에 한국 학교로 돌아왔다고 한다. 집으로 돌아가는 엄마의 품에 폭 안기는 은혜를 보며 생각했다.

'애도 얼마나 당황스러울까? 오랜만에 모국에서 여러 친구들을 만나 어울릴 생각에 들뜨고 설렜을 텐데, 텅 빈 교실을 마주하는 그 마음이 얼마나 실망스러울까?'

긴장은 쏙 들어가고 오히려 미안한 마음만 가득 남았다.

선물 같은 아이들

소담초등학교에는 소나기 주간이 있다. '소담인 하나 되기'라는 뜻의 소나기 주간은 새로운 학기를 시작할 때 교사와 학생이 학급을 바로 세우고 적응해 나가는 시간이다. 특히 우리 반과 같은 증설 학급에게는 교실의 울타리가 되어 줄 규칙을 세워야 하는 시간이었다. 단 한 명의 학생과 만든 규칙은 공동의 합의로 결정된 규칙만큼의 위상을 가질 수 없을 거라는 생각에 은혜와 둘이서 규칙을 정해야 할지 고민스러웠다. 하지만 매일같이 새로운 전학생이 찾아오면서 붕 떠 버릴 교실 분위기를 생각하면 규칙은 꼭 필요했다.

하루 종일 규칙을 만들기로 정해 둔 날, 넓은 교실에 혼자 덩그러니 앉아 있는 은혜 앞에 앉아 질문을 쏟아 냈다.

"선생님과 친구들에게 어떻게 대우받고 싶니?"

"규칙은 왜 필요할까?"

"전 학년에서는 어떤 점이 불편했어?"

"갈등이 생기고 약속을 어기는 일이 생기면 어떻게 조절해야 할까?"

조용해 보였던 은혜는 알고 보니 말하기를 좋아하는 아이였다. 심지어 생각도 깊었다. 존중, 배려, 감사, 안전, 책임, 수업, 기타 범주에 걸쳐 무려 여덟 쪽 분량의 규칙을 그날 오롯이 은혜 혼자서 세웠다. 이 규칙은 우리 반 울타리라는 이름으로 교실 뒤 게시판에 자리 잡아 언제나 아이들의 지표가 되어 주고 있다.

무더웠던 여름에는 텅 빈 교실이었는데, 첫눈이 소복이 쌓이는 지금은 어느새 열 명의 아이들이 함께하며 온기를 나누고 있다.

9월과 10월에 전학생이 물밀듯 밀려올 거라는 말에 기대와 함께 마음의 준비를 잔뜩 해 두고 있었다. 그런데 전학생은 가뭄에 콩 나듯 찾아왔다. 새로운 친구들을 목이 빠져라 기다리던 우리 반도 이젠 열 명이라는 숫자에 익숙해진 듯하다.

열 명의 마루반 아이들은 캐릭터들이 확고하다. 쨍한 원색들만 모여 있는 것 같다. 그 원색들이 서로 어우러지면서 어찌나 통통 튀는 매력을 발산하는지, 보고 있으면 마냥 웃음이 나온다. 특별하고 대단치는 않아도 내 기억 속에 자리 잡은 일화를 이야기하고 싶다.

많은 선생님들이 숙제 검사나 일기 검사를 하고서 확인했다는 표시로 도장을 찍어 준다. 하지만 도장이 없는 나는 검사를 할 때면 빨간 색연필로 하트를 그려 준다. 글씨가 예쁘면 하트 두 개, 너무 예쁘면 세 개. 그러다 장난삼아 이것저것 그려 주었더니 별거 아닌 그림에 1학년처럼 즐거워하고 기뻐한다.

알림장을 꾹꾹 눌러쓰느라고 제일 마지막으로 검사를 받으러 나온 성한이의 알림장에 하트 두 개를 그려 주고 있는데 성한이가 말했다.

"선생님! 저, 글씨 엄청 열심히 썼는데 엄지 척도 그려 주시면 안 돼요?"

"그래, 좋아. 그런데 글 쓰는 시간은 좀 단축해야겠는데?"

"그러면 시계 그려 주세요."

"알았어, 알았어."

"옆에 시간 단축이라고도 써 주세요."

느지막이 알림장을 다 쓴 성한이를 함께 기다리다 보니, 어느새 아이들을 보내야 할 시간이 넘었다. 우리 반 하교 인사는 날마다 하고 싶은 아이들이 선창한다. 어쩌다 보니 계속해서 순서가 밀리게 된 준민이가 은근히 서운해하는 게 눈에 밟혀 그날은 잊지 않고 준민이에게 인사를 부탁했다. 인사를 마치자마자 아이들은 우르르 교실을 빠져나갔다. 그런데 어째선지 준민이는 시무룩한 표정으로 덩그러니 서 있었다.

"준민아, 왜 그래? 무슨 일 있어?"

"선생님, 왜 제가 인사할 때만 빨리빨리 하자고 하세요?"

하교 시간이 늦어져서 급한 마음에 빨리 하자고 말한 게 화근이었다. 풀이 죽어 있는 준민이를 보고 있자니 웃음이 새어 나왔다. 6학년답지 않은 아이들의 순수함은 나를 종종 놀라게 한다. 사소한 것들을 소중하게 여기는 마음을 오래도록 간직해 주길 바랄 뿐이다.

듣기 좋은 말, 하고 싶은 말

순회교사를 할 때 3학년 교실에서 일주일 동안 담임을 맡은 적이 있었다. 유난히 말을 예쁘게 하는 반이었다. 아이들이 하는 말을 잠자코 듣고 있으면 사용하는 단어나 표현 때문에 절로 미소가 지어지곤 했다. 한번은 급식 시간에 아이들끼리 나누는 대화를 듣다가 궁금증을 참지 못하고 아이들에게 물었다.

"너희는 어쩜 그렇게 말을 예쁘게 하니? 선생님께서 잘 가르쳐 주신 거야?"

"아뇨. 저희는 원래 그래요."

단호하게 돌아온 대답에 한참을 웃었지만 모두가 고운 말을 쓰고 친구를 배려하며 말하는 것은 선생님의 역량과 노력 덕이 컸을 것이다. 비결을 묻고 싶은 마음이 굴뚝같았으나 선생님을 만날 수가 없었기에 교실에서 단서를 찾아야 했다.

일주일 동안 교실을 살피며 고민한 결과 그 답은 금지어 규칙에 있는 것 같다는 생각이 들었다. 금지어 규칙은 금지어를 정하는 것부터 사용했을 때 어떻게 책임질 것인지까지도 학생들이 직접 정한 약속이었다. 이를 계기로 나는 나중에 내 교실에서 금지어 규칙을 아이들과 함께 정해 보고 싶다는 생각을 품게 되었다.

"선생님, 우리 반 말 규칙을 좀 만들어야 될 것 같아요. 서준이가 양아치라는 말 썼어요!"

양아치라는 말에 이렇게 놀라 선생님에게 달려오는 6학년이라니. 참 순수한 구석들이 있다. 안 그래도 아이들에게 더 나쁜 언어 습관이 자리 잡기 전에 우리 학급만의 약속이 필요하다고 생각하고 있던 차였다. 내가 먼저 나서서 금지어 규칙을 소개하고 싶은 마음이 굴뚝같았지만 아이들이 주도적으로 규칙을 세웠으면 하는 마음에 학급회의를 하기로 했다. 수업 빼고 회의하자는 말에 아이들은 마냥 환호했다. 우리 반 대의원 학생이 칠판에 '마루반 제3회 긴급 학급회의'라고 큼지막하게 적으며 회의가 시작되었다.

아이들은 저마다 교실에서 바른 말을 사용하기 위한 다양한 규칙과 생각들을 이야기했다. 그러던 와중 마침내 아이들 입에서 '쓰면 안 되는 말을 정하자'는 의견이 나왔다. 싫어하고 내뺄 것 같던 아이들도 의외로 이 의견에 공감하고 적극적인 모습을 보였다. 아이들은 금지어로 약속할 단어들을 정하기 시작했다.

그냥 지나쳤을지 모르지만 마음속에 상처로 남았던 말들이 제법 많았나 보다. "이 말 진짜 기분 나빴어요"라는 말들이 쏟아진다. 금지어를 정하고 난 뒤에는 약속을 어겼을 경우 책임지는 방법부터 곧장 적용하면 실수가 많이 나올 수 있으니 시범 기간을 운영하자는 의견까지 교사의 기대를 넘는 기발한 생각들이 줄지어 나왔다.

아이들이 제안한 금지어들을 타이핑하며 마지막 줄에 이렇게 썼다.

'마루반 학생들 간 대화와 협의 및 시범 기간 운영을 통해 완성된 규칙이며 이후에 회의를 거쳐 추가되거나 바뀔 수 있음.'

금지어는 늘 바뀐다. 아이들이 끝없이 의문을 제기하기 때문이다.

"선생님, 이 말이 나쁜 말이에요? 들었을 때 기분 나빴던 적이 없어요."

"선생님, 이 말은 금지어에 넣어야 될 것 같아요."

"이 말은 이렇게 쓰면 나쁜 말인데 이렇게 쓰면 괜찮지 않아요?"

이와 같은 적극적인 모습과 금지어에 대한 생각지도 못한 질문들을 들을 때마다 금지어 규칙을 내가 아닌 아이들이 주도적으로 정했다는 사실에 큰 안도를 느낀다.

시간이 흐르며 함께 정한 금지어들이 아이들의 대화 속에서 하나둘 지워져 갈수록 따뜻한 말들이 그 빈자리를 채워 가고 있다.

목요일이 기다려지는 이유

우리 반은 목요일 아침 시간마다 주제 글쓰기를 한다. 주제 글쓰기를 하는 이유는 두 가지인데 하나는 아이들이 글쓰기와 친해졌으면 해서, 다른 하나는 내가 아이들이 쓴 글을 읽는 게 너무 재미있어서다. 그래서 주제 선정의 가장 큰 기준은 '재미있는가?'이다.

물론 그 기준이 독자인 나를 위해서만은 아니다. 여기에도 두 가지 이유가 있다. 하나는 아이들도 글쓰기 자체를 재미있는 것이라고 생각했으면 해서, 다른 하나는 글을 쓴다는 일에 대한 부담을 조금이라도 덜어 냈으면 해서. 그래서 주제 아래에는 꼭 사족을 달아 둔다.

'분량 자유, 형식 자유.'

양자택일을 해야 하는 주제에 대해 글을 쓰는 날이면 아이들이 누구보다 진지하게 고민하는 모습을 볼 수가 있다. 한번은 '똥 맛 카레와 카레 맛 똥 중에 하나를 고르고 그 이유에 대해 써 보기'라는 우스꽝스러운 주제를 낸 적이 있었다. 아이들은 저마다 머리를 싸매고 고민하다가 나를 원망하기 시작했다.

"선생님, 도대체 저희한테 왜 이러세요?"

"선생님, 이건 진짜 너무해요."

그러고는 제 나름대로의 이유를 들어 가며 최선의 선택을 위해 노력하는 모습들이 귀엽고 기특했다.

아이들 글쓰기

꽃

하늘에서 마침내 꽃이 내리네
추운 날에만 볼 수 있는 아름다운 꽃
아주 귀한 만큼 마치 하루살이처럼
금방 사라지는 꽃
우리는 그걸로 새로운 사람도 만들고
싸움도 한다
우리에게 도움을 주는 아름다운 꽃

아이들 글쓰기

새로운 계절이 찾아왔음을 온몸으로 느끼며 출근했던 어느 목요일에는 '내가 좋아하는 계절에 대해 시 쓰기'라는 주제를 내어 주었다. 형식을 자유로 열어 두었지만 그 누구도 먼저 시를 쓰지는 않아서 처음으로 형식을 시로 정해 둔 것이었다. 이날 나는 미처 발견하지 못했던 아이들의 감성적인 면에 깜짝 놀랐다.

가끔은 함께 생각해 봤으면 하는 주제에 대해 묻기도 한다. 친구가 글쓰기 동호회에 들어가서 처음으로 받아 온 주제가 너무 어렵다며 이야기를 꺼낸 적이 있었다. 듣자 하니 나에게 가장 소중한 물건에 대해 글을 써야 하는 것이었다. 친구와 머리를 맞대고 아무리 생각해 봐도 정말이지 어려웠다. 소중한 사람도, 생각도, 가치도 아닌 물건이라니. 소중하다면 둘도 없어야 하는데 대부분의 물건은 없어지면 새로 살 수 있지 않은가? 소중한 물건 반열에 끼려면 왠지 구구절절한 사연이 있어야 할 것만 같았다.

그 주에 나는 목요일이 되기만을 기다렸다. 칠판에 큼지막하게 '나에게 가장 소중한 물건에 대해 글쓰기'라고 적어 두고는 강조했다.

"좋아하는 물건이 아니라, 소중한 물건이야! 잘 생각해 봐."

너무 어렵다며 투정을 부리는 것도 잠시 다들 쓱쓱 써 내려간다. 내 앞에 놓인 공책들을 차례로 읽어 보니 상상 이상으로 단순하다.

도리어 내가 글쓰기를 어렵고 진지하게만 생각했던 건 아니었을까? 아이들이 글쓰기를 부담 없이 여기길 바라면서도 나는 그러지 못했던 것이다. 나는 주제 글쓰기를 통해 아이들의 글쓰기 실력을 높이고자 했던 것은 아니다. 그냥 마음속에 들어 있는 게 무엇인지 살펴보고 자주 꺼내 보게 되기를 바랐다. 아이들은 선생님이 며칠을 고민해도 모를 질문에 대한 답변을 아침 시간마다 가벼운 마음으로 적어 내린다. 그런 점에서 주제 글쓰기는 어느 정도 제 목표를 이루었다고 볼 수 있지 않을까?

주인공들

10월이 다가오자 휴대폰이 평소와는 다르게 자주 울려 댔다. 대학 동기들 모두 축제 준비로 부담감이 적지 않은 듯했다. 당장 공연 내용을 정해 제출해야 하는 동기도 있었고, 학예회 구성에 대한 업무가 고스란히 자신의 몫이 되어 있는 동기도 있었다. 그러나 나는 채팅방에 가득한 동기들의 이야기에 그 어떤 공감도 할 수가 없었다.

소담교육가족축제 '놀담먹담꿈꾸담'은 그야말로 학생이 주도적으로 만들어 가는 축제였기 때문이다. 이를테면 축제 때 어떤 부스를 열고 싶은지 학생들이 직접 결정했다. 부스 운영에 필요한 준비물도 직접 선정했으며, 부스 홍보를 위해 포스터를 만들거나 교실을 꾸미기도 했다. 운영도 모두 학생의 몫이었다. 축제 때 공연을 하고 싶은 학생들은 자발적으로 뭉쳐서 연습했다. 하물며 축제 때 진행되는 마라톤에서 자신들이 착용할 이름표까지도 직접 만들었다.

나의 초등학교 시절을 돌아보면 축제가 있었나 싶을 정도로 잘 기억이 나지 않는다. 정해진 공연을 발표하기 위해 선생님의 시범에 따라 연습했던 학예회에 대한 기억들만 뚜렷하게 남아 있다. 중학교 때의 축제도 여전히 선생님들이 대부분을 결정하고 운영했다.

그래서일까? 내겐 아이들이 축제를 준비하는 모습이 낯설고 어색하게 느껴졌지만, 이러한 생각들이 무색하게도 축제는 막힘없이 준비되어 갔다. 우리 모두의 축제라는 생각으로 임했기 때문인지, 아이들은 생각보다 훨씬 더 꼼꼼하고 야무지게 제 몫을 해냈다. 미용실 부스를 운영하기로 한 우리 반 아이들은 손님들의 염색 스프레이 알레르기 여부를 확인해야 한다는 의견을 내기도 했다.

축제 당일, 우리 반 교실은 어엿한 미용실로 변해 있었다.

"어떤 머리하려고 오셨어요? 여기에 이름 적으시고 잠깐 앉아 계세요."

"염색하실 손님 이쪽으로 오세요."

어느새 미용사로 변신한 우리 반 아이들은 줄지어 서 있는 손님들에도 당황하지 않고 서비스 정신을 발휘했다. 그날 나는 누구보다 적극적이고 주도적인 아이들의 모습을 볼 수 있었다. 염색 스프레이는 생각보다 양이 적고 색이 뚜렷하지 않았지만 그것만으로도 아이들은 충분히 즐거워했다.

또한 소담교육가족축제라는 이름에 걸맞게 학생뿐 아니라 교사와 학부모도 함께 즐길 수 있었다. 학생들이 운영하는 부스에 손님으로 교사와 학부모가 적극 참여했다. 우리 반 부스에 선생님이 손님으로 와 머리를 맡겼을 때 아이들이 그 어느 때보다 열과 성을 다했던 것을 보면 그러한 분위기가 아이들을 더 열심히 참여하도록 이끌지 않았나 싶다. 특히 축제가 시작하기 전부터 기대의 말들이 자자했던 학부모 먹거리 장터는 역시나 교사, 학생 할 것 없이 큰 인기를 끌었다. 다양한 종류의 음식들이 방금 막 점심을 먹고 나온 아이들의 입맛까지도 사로잡을 정도였다.

글을 쓰고 있는 지금, 6학년 대의원들은 다시금 축제 준비에 한창이다. 이번에는 졸업을 앞둔 6학년만을 위한 축제이다. 선생님들의 도움이나 지도 없이 축제를 계획하느라 하루가 멀다 하고 회의가 있어 중간놀이시간이나 점심시간을 빼앗기면서도 열심히 하는 모습들이 대단하다.

아이들은 믿어 주는 만큼 자라고, 허용하는 만큼 주도성을 갖게 된다는 말이 소담초등학교에서는 언제나 여실히 느껴진다.

만만치 않은 전학생

순회교사로 일할 때는 짧으면 이틀, 길면 이주마다 새로운 학교를 찾아다녔다. 같은 학년인데도 가는 곳에 따라서 천사 같기도, 악마 같기도, 유치원생 같기도, 벌써 다 큰 애들 같기도 했다. 이 반의 진짜 담임교사가 아니라는 사실을 감사하게 만드는 학생들도 정말 많았다. 그 유형도 다양했다. 그중에서도 유독 머릿속에서 지워지지 않는 학생이 있다.

"아유, 어떡하죠? 많이 힘들 텐데."

첫날 교무실을 찾은 내게 교감 선생님이 건넨 첫마디였다. 끝이 아니었다. 내 소개도 안 했는데 어떻게들 아시는지 마주치는 선생님들마다 묻지도 따지지도 않고 나를 걱정해 주었다. 그런 적은 처음이었다.

"특수 학생은 아닌데, 거의 특수 학생이라고 보면 돼요. 선생님을 많이 힘들게 할 텐데. 그래도 알고 보면 참 딱한 사정이 있어요."

들어도 당최 무슨 말인지 알 수 없는 그 아이에 대한 설명을 들으며 교감 선생님과 반으로 향하는 와중이었다.

"우와! 새로운 선생님이에요?"

눈이 맑고 예쁘장한 남자아이가 어딘가 어눌한 말투로 교감 선생님에게 말을 걸어왔다. 교장 선생님이 그렇다며 따뜻하게 대답해 주자 신나서 계단을 앞서 올라갔다. 나를 힘들게 만들 그 아이라고 했다. 도대체 왜들 그렇게 노심초사하는지 겁이 나긴 했지만 겨우 사흘짜리 파견이었기에 큰 걱정은 하지 않았다. 그렇게 첫날을 보냈다. 아이는 생각보다 나를 힘들게 하지 않았다. 그럭저럭 할 만한데 왜들 그렇게 겁을 줬을까 싶었다.

그런데 파견 기간이 자꾸만 연장되었다. 아이도 새로운 선생님 간 보기는 그만두고 금세 본색을 드러냈다. 기분에 따라서 순한 강아지 같은 눈망울로 귀엽게 굴다가도 순식간에 내게 욕을 하고 소리를 지르며 가위를 들이미는 아이였다. 한 달이 채 못 되는 시간이었는데도 우울증이 올 것 같은 기분이 들었다. 퇴근하고 집에 와서도 그 아이를 내일도 봐야 한다는 생각에 밥이 목구멍에 턱턱 걸렸다. 학교에서의 시간이 가르침이 아니라 견딤으로 흘러갔다.

온 학교가 달려들어도 고쳐지지 않는 아이인데 내가 뭐 별수 있나? 머리로는 알고 있으면서도 이 교실 안에서 내가 할 수 있는 게 아무것도 없다는 게 너무 무서웠다. 오히려 내가 상황을 악화시키고 다른 학생들을 더 불편하게 만드는 것 같아서 자괴감과 무력감이 들었다. 언젠가는 이런 아이가 우리 반이 되는 날이 올 텐데. 파견 마지막 날 비어 있는 교실에 앉아 눈물을 참고 있는데 같은 학년 선생님이 한 손에 요구르트를 들고 찾아왔다.

"선생님이 어떻게 할 수 있는 학생이 아녜요. 절대로 선생님 탓이라고 생각 마세요. 병원에 가서 치료를 받아야 하는데 그러지 못한 아이예요. 그러니 선생님이 할 수 없는 건 당연한 거예요. 8년 차인 저도 그렇고요. 다만 제가 선생님보다 나은 건, 저는 그 아이가 제 능력 밖이라는 사실을 확실하게 아는 것뿐이에요."

그 아이를 고치려 하기보다 있는 그대로 온전히 받아들이는 분이었다. 선생님은 수업이 끝나면 그 아이 손을 잡고 가서는 함께 모래놀이를 했다. 자신이 할 수 있는 만큼의 것을 아이가 받아들일 수 있는 만큼만 전해 주었다. 신기하게도 둘은 함께 보내는 시간이 서로에게 편안해 보였다.

만만치 않은 전학생이 곧 찾아올 거라는 소식에 떠오른 기억이었다. 기억 속 선생님이 내게 조바심 내지 말라고 말하는 것 같았다. 그래서 너무 걱정하지 않으려 했다.

만만치 않은 전학생, 소담이가 우리 반의 새로운 친구가 되었다. 우리 반은 6학년답지 않게 너무 착하고 싸우지도 않아서 어색하다며 배부른 너스레를 떤 지 얼마 지나지 않아서였다. 소담이는 이전 학교에서 학교폭력 사건의 중심에 있었던 아이였다. 화려한 전적을 전해 들으며 상상했던 모습보다 작은 체구를 지닌 소담이가 우리 반 문 앞에 다다랐을 때, 머릿속에 자리한 두려움이나 선입견 때문인지 문으로 다가가는 내 걸음걸이가 삐걱대는 것만 같았다. 더도 말고 덜도 말고 다른 아이들과 같이만 대하자고 마음을 다잡으며 말했다.

"우리가 널 정말 많이 기다렸어. 환영해!"

소담이가 찾아온 뒤부터 이전까지 없었던 사건들이 속속 생겨났다. 거친 행동이 버릇처럼 굳어진 소담이가 친구들에게 하는 사소한 장난은 다른 아이들에게 시비를 거는 것처럼 받아들여지기 일쑤였다. 그로 인해 자꾸만 갈등과 싸움이 불거지니 아이들에게 싸움의 법칙에 대해 이야기했다.

"얘들아, 싸움에도 법칙이 있다는 거 아니? 내가 친구에게 지우개 가루를 던지면, 친구는 나에게 야구공을 던져. 야구공을 맞은 나는 어떻게 할까? 다시 농구공을 던지게 돼. 그럼 농구공을 맞은 친구는 또다시 나에게 볼링공을 던지는 거야. 바로 지금 우리가 겪고 있는 상황이랑 같아. 그럼 어떻게 해야 싸움이 일어나지 않을까?"

"애초에 지우개 가루를 던지지 않아야 해요."

"누가 지우개 가루를 던져도 야구공으로 복수하지 않아요."

"맞아. 딱 그 두 가지만 지키면 싸움은 절대 일어나지 않아. 우리도 그 두 가지만 기억해 보자."

이후로 감사하게도 아이들은 소담이의 장난에 더 이상 야구공을 던지지 않았다. 그저 바로 소담이에게 알려 줄 뿐이었다.

"지우개 가루 던지지 마!"

소담이도 더 이상 지우개 가루를 던지지 않았다는 결말로 마무리하면 더할 나위 없을 것이다. 그러나 한순간에 손바닥 뒤집듯 아이가 바뀌기를 바랄 수는 없는 노릇이다. 여전히 소담이가 중심이 되는 크고 작은 사건들이 교실 안팎에서 일어나고 있지만, 반 친구들로부터 지우개 가루 던지지 말라는 말을 들으면 더 이상 그 행동을 계속하지는 않는다.

그런 소담이의 모습에 일희일비하지 않고 지켜보려 노력하고 있다.

앞으로 교직에 있으면서 또 다른 소담이들과 마주하는 순간이 셀 수 없도록 많을 것이다. 그 시간들은 나를 고민하게 만들고 때론 마음 아프게 하겠지만, 아이들을 있는 그대로 품어 주고 이해해 줄 수 있는 선생님으로 성장하는 데 필요한 담금질의 시간이 되어 줄 것이다.

성장

졸업식을 앞둔 어느 날, 아이들이 내게 뜬금없이 물어 왔다.

"선생님, 내년에 몇 학년 맡으실 거예요?"

"그러게 말이야. 잘 모르겠어. 어디가 좋을까?"

가볍게 던진 질문에 아이들은 금세 시끌벅적해진다.

"1학년 어때요? 제가 선생님 찾아오기 편할 것 같은데."

"선생님, 제 생각엔 3학년이나 4학년이 딱 좋은 것 같아요."

"아냐. 내 동생이 지금 3학년인데, 걔 되게 힘들어."

"선생님, 5학년이나 6학년 하세요. 그 정도 되면 선생님 무서운 줄 알아서 괜찮아요."

"맞아요. 그때쯤 되면 좀 철들잖아요."

각자 나름대로 진지하게 선생님의 내년을 위해 한마디씩 하는 게 귀엽다. 어느 학년을 간들 이런 아이들을 또 만날 수 있을까? 내 마음을 잘 헤아려 주고 늘 같은 편이 되어 주는, 든든하고 선물 같은 아이들이다. 마냥 사랑해 주고 칭찬해 주는 것조차 서툴고 모자란 신규 교사로 만나게 되어 그저 미안할 따름이다.

나는 딱 한 학기짜리 교사다. 다들 날더러 선생님이라고 부르는 게 아직 멋쩍고 어색하다. 가끔은 무슨 자격으로 아이들 앞에 서 있는지 부끄러울 때가 있다. 그런 내가 이 책의 한 편에 감히 자리를 차지해도 되는 건지 아직도 의심스럽다.

첫 제자들에 대한 기억을 남겨 놓으면 좋을 것 같다는 안일한 생각에 흔쾌히 써 보겠다고 말했던 것을 사실은 많이 후회했다. 모자란 글

재주로 어떻게든 매수를 채워 보려고 애쓰는 과정이 괴롭기도 했거니와 글감을 찾으려고 한 학기 동안의 기억을 차근차근 되짚어 보는 과정이 나를 부끄럽게 만들었기 때문이다.

어리숙했던 한 학기가 책에 남겨질 것을 생각하니 행복함과 민망함이 공존한다. 그래도 신규 교사의 고민과 반성은 소담 에세이라는, 내겐 조금 버거웠던 과제 덕분에 마음속 깊은 곳에 뿌리내릴 것이다. 그리고 이것이 언젠가는 사철 푸른 나무로 자라나 아이들이 기댈 수 있는 교사로 성장하는 데 밑거름이 되어 줄 것을 믿는다.

3장

소담 이등병의 1학년 행군

소담살이 1년 차 함유찬

돌이켜 보니
1년을 열심히 흘려보내기도
채우기도 했다.
새로운 곳에서
새로운 사람들을 만난 해라
낯설지만 동시에
설렌 한 해가
아니었나 싶다.
내년에는
올해 겪은 것들을 바탕으로
조금 더 능숙하고
정교한 모습을 기대해 본다.
올해는 뜨거운 곳에서
뜨겁기 위해 애쓴 것만으로
만족하자.

말년 휴가

제대보다 기다렸던 말년 휴가의 첫날, 새로 발령받은 소담초로 인사를 갔다.

'여긴가?'

점심시간이 되기 전에 가야 한다고 급하게 서두른 탓에 소담중학교 교무실 앞까지 들어갔다 다시 나왔다. 어쩐지 공용 슬리퍼에 소담중이라고 적혀 있더라니.

다시 정신없이 목적지로 향했고, 슬리퍼에 소담초라고 적힌 걸 보고 한숨 돌린 다음 교무실로 들어갔다.

"교장 선생님께 인사드리러 갑시다."

교장 선생님은 두 선생님과 이야기를 나누고 있었는데, 내 얼굴을 보고 새로 온 사람이라는 것을 단박에 알아챘다. 1학년 학급이 증설되는데, 내가 그 자리로 들어간다고 했다. 열흘만 지내면 곧 종업이니 그때까지 잘 지내 보라고 했다. 1학년이라니.

전역 후에 뵙겠다고 인사를 하고 교장실을 빠져나왔다. 들어올 때에는 정신이 없어 잘 몰랐는데 복도가 참 넓었다. 전임교는 6학급이라 학교도 작은 데다가 두 걸음이면 가로지를 만큼 복도가 좁았는데. 탁 트인 복도가 마음에 들었다.

13박 14일 말년 휴가를 여유롭게 보내고 제대를 위해 부대로 복귀했다. 개인 정비 시간에 동기, 후임들과 모여서 전역을 자축하며 마지막 냉동파티를 했다. 냉동식품을 먹으며 서로 앞으로의 계획을 이야기했다. 휴가 때 아르바이트 면접을 보고 미리 알바를 구해 놓은 동기도 있었고, 복학을 준비하는 친구, 자격증 시험을 준비하는 친구 등 일시 정지된 일상을 다시 시작하려는 준비들이 한창이었다. 생각 없이 휴가를 즐기고 온 것은 나뿐이었나.

"형은 좋겠네. 전역하고 다음 날 바로 출근하니까."

"좋긴. 넌 전역하면 뭐 하냐?"

"몰라. 공부해서 공무원 시험 봐야지."

"나도 이번에 새로운 학교 발령받았는데 가면 뭘 할지 아직 모르겠다."

"함 병장님, 그럼 이제 어디로 복직하는 겁니까?"

"세종에 소담초라고 있어. 큰 학교인데, 1학년이래."

"1학년입니까? 와, 애기들 똥 닦아 주겠네."

"어. 인마, 넌 하늘에서 내리는 똥(눈) 치우고 있겠지."

"말씀이 지나칩니다."

"내일 눈 온대."

제대

"부대 차렷! 대대장님께 대하여 경례!"

"북진! 신고합니다. 병장 함유찬 외 3명은 2017년 12월 20일부로 전역을 명 받았습니다. 이에 신고합니다!"

동기와 후임들의 축하 속에서 무지하게 길었던 군 생활을 마무리했다. 아무리 껴입어도 추운 전투복이었는데, 똑같은 옷을 입었음에도 오늘만큼은 머리부터 발끝까지 온기가 돌았다. 그늘진 곳에는 아직 녹지 않은 눈이 군데군데 있었고, 뽀득뽀득 눈을 밟으며 집으로 향했다.

새로운 학교

"출근 전날에 와서 교실 청소해야겠네요?"

아, 그때 인사하러 가서 교무부장이 한 말이 생각났다. 전역 다음 날이 출근이라고 하니 저 말을 했다.

'장난으로 한 말이겠지?'라고 생각했지만, 집에서 간단하게 밥 한 끼 먹고, 전투복을 사복으로 갈아입은 뒤 학교로 갔다.

학교에 도착해서 새 교실로 향하던 중에 교무부장을 다시 만났고, 오길 잘했다고 생각하며 인사를 건넸다.

"어, 선생님! 내일부터 출근이지 않나? 왜 오셨어요?"

"선생님이 청소하라고 해서 왔는데요."

"내가요? 아, 그거 농담이었는데?"

생글생글 웃으며 장난스러운 모습을 보이는 선생님을 보니 어이가 없었지만 나도 웃음이 났다.

"아, 오지 말 걸 그랬네요."

학교 온 김에 구경이나 한번 할까 하고 학교 한 바퀴를 돌았다. 걸으면서 보니 학교 분위기가 나쁘지 않았다. 왠지 재미있는 일이 많이 생길 것 같은 괜찮은 예감이 들었다. 부디 그랬으면 좋겠다는 마음도 있었다.

집과 학교는 거리가 꽤 멀어서 일찍 일어나야 했다. 군대 기상 시간과 별반 다르지 않은 것이 아쉬웠다.

첫 출근부터 지각하면 안 된다는 생각이 든 건지, 아직 몸이 기상 시간을 기억하고 있는 건지 모르겠지만 6시 30분에 눈이 번뜩 떠졌다.

군대든 사회든 일과를 준비하는 시간은 똑같이 전쟁이었다. 첫 출근길부터 눈이라니. 조금 더 서둘러야 했다. 자동차 대신 대중교통을 타기로 하고, 지하철과 버스를 한 번씩 갈아타고 학교로 부랴부랴 도착해 보니 아침부터 정문이 시끄러웠다. 선생님들이 학교 앞 눈을 쓸고 있었다. 게다가 교감 선생님까지.

'무슨 날인가?'

손을 좀 보태고자 교감 선생님에게 가서 제가 하겠다고 이등병의 말투로 손을 뻗으니 교감 선생님은 됐으니까 얼른 들어가서 짐 정리하라고 한사코 거절하셨다.

나중에 안 사실이지만 유우석 선생님이 전날 밤 학교 앞 치킨집에 있다가 창밖을 보니 눈이 많이 오길래 그냥 같이 눈 치우자고 SNS에 글을 올렸단다.

자유롭고 따뜻하구나. 눈 오는 첫날 소담초와 그 구성원들을 보고 느꼈다.

새로 만난 사람들

교실에 들어와서 짐 정리를 하고 의자에 앉았다. 물건들도 내 손에 맞게 배치하고 나서 혼자 감상에 빠졌다. 교실을 가져 본 것이 처음이라 교실 한가운데 서서 한참을 두리번거렸다.

똑똑. 교실 앞에 여러 명의 선생님들이 찾아왔다. 1학년 부장 선생님이 동학년 선생님들과 인사를 하러 왔다. 그중에는 대학교 과 동기도 있었다. 열흘이지만 잘 부탁한다고 했다. 저도 잘 부탁드려요.

"오늘 성장발표회가 있는데 도와줄 수 있나요?"

부장 선생님의 부탁에 성장발표회가 뭔지 몰랐지만 일단 좋다고 말했다. 복직 첫날부터 초과근무라니. 전임교에서 심심찮게 초과근무를 했던 모습이 생각나면서 새삼 군대에서 현실로 돌아온 것이 실감났다.

성장발표회는 1학년 아이들이 1년 동안 배우고 실천한 것을 가족들에게 뽐내는 자리라 했다. 학년 학예회와 비슷한 것 같은데 이름이 참 괜찮았다. 성장을 발표하는 자리.

하루 종일 교실과 교무실에서 자리를 지키고 있던 터라 정작 1학년 아이들은 만나 보지 못했는데, 무대 꾸미는 것을 도와주면서 무대에 임하는 아이들의 자세를 보고 있자니 생각보다 진지하고 열심이었다. 초등학교에서는 막내 학년일지라도 유치원 정상까지 찍고 온 아이들이 아닌가.

저 무대 하나를 준비하는 데 든 노력과 정성은 또 얼마이겠나. 몸짓 하나하나에서 선생님과 학생들의 1년살이가 고스란히 묻어 나오는 것 같았다. 마냥 아이들을 귀엽게만 바라볼 수 없었다. 기특하기도 했다.

"선생님, 내년에 1학년 같이할 생각 없으세요?"

성장발표회가 끝나고 시청각실에서 무대를 정리하던 차에 부장 선생님이 물었다.

"예? 하하."

예상 밖으로 흘러가는 상황이 당황스러워 되묻기와 웃음으로 상황을 때우고 집으로 돌아왔다.

내가 복직한 때가 학년 말이라 내년도 학년을 정하는 시즌이었다. 부장 선생님은 때마침 들어온 남자 선생님이라서 그런지는 몰라도 농담인 듯 진담같이 함께 가자고 수시로 말을 던졌고, 나도 마냥 상황을 넘길 수만은 없었기에 진지하게 생각해 보겠다고 했다.

"선생님, 1학년 가시지요."

알고 보니 1학년은 학년 선택에서 기피 학년이었고, 부장 선생님은 내년까지 3년 연속임에도 1년 더 1학년에 남는다 했다. 필요한 상황에 어려운 자리를 기꺼이 맡는 모습에서 함께할 수 있겠다는 믿음을 받았고, 주변에서도 같이하면 배울 게 많을 것이라는 조언을 듣고 결국 선생님에게 함께하자고 말했다.

사실 1학년에 대한 막연한 불안감이 있었기 때문에 고민을 했지만, 어떤 학년을 하든 큰 상관 없었다. 내 입맛에 맞는 학년만 고집할 수도 없으니. 올해는 속는 셈치고 사람 보고 가 보자.

그렇게 2018학년도 1학년살이가 시작되었다.

학교에 가기 싫어 우는 아이

1학년인지 2학년인지 잘 기억이 안 나지만 창피하므로 1학년이라 하겠다.

1학년 시절, 아침 등굣길은 엄마와 함께였다. 후문에서 학교에 들어가기 싫어 엉엉 울었던 기억은 아직도 생각이 난다. 엄마는 애처로운 내 두 손을 뿌리치고 저 멀리 떨어져서 학교에 들어가는지 안 가는지 빤히 지켜보았다. 그땐 왜 그랬을까. 후문을 경계선으로 한다면 학교 안으로 들어가는 것이 참 두려웠던 것 같다.

우리 반에도 어릴 적 나 같은 아이가 있다. 있었다. 지금은 등교를 아주 잘하지만 3~4월에는 교실이 있는 2층까지 엄마와 함께였다. 엄마는 아이가 울고불고 떨어지지 않을까 봐 난감한 표정으로 교실 앞까지 왔고, 아이를 꼭 안아 주며 하루를 응원했다.

기특하게 혼자 걸어서 2층까지 올라온 날에는 꼭 표정이 좋지 않았다. 곧 울 것 같은 얼굴로 교실에 들어서서 침울하게 앉아 있는 모습이 어릴 적 나를 보는 것 같아 마음이 쓰였다.

어떤 날은 유독 심해서 엄마 옷소매를 꼭 붙들고 떨어지지 않으려고 했다. 엄마도 더 이상 이래서는 안 되겠다고 생각했는지 매몰차게 아이를 떼어 놓고 아이를 맡기고는 교실을 나갔다. 조용히 아침활동이라도 하고 있으면 좋으련만 아이들은 친구 마음도 몰라주었다.

"선생님, 왜요? 학교 오기 싫대요?"

"야, 학교 오기 싫어서 우나 봐."

큰 소리로 떠드는 바람에 아이는 눈물을 그칠 줄 몰랐다. 눈빛으로 한 번 혼을 내고, 손가락으로 자리로 돌아가라고 하니 아이들은 멋쩍은 듯 돌아갔다.

어떤 기특한 친구는 "울지 마. 괜찮아"라고 달래 주었다.

화장실에 갈 때 혼자 들어가서 볼일 보는 것처럼 학교도 마찬가지라고, 설명을 해 주니 끄덕.

"그래, 장하다. 잘 참을 수 있지? 이따 중간놀이시간에 엄마한테 전화해서 잘 있다고 말씀드리자."

"네. (훌쩍) 근데 이따 누나 보러 3층 갔다 오고 싶어요."

나도 학교 가기 싫은 울보였기 때문에 아이의 마음을 백번 공감할 수 있었다. 그나마 3학년인 누나의 도움으로 마음을 진정시킬 수 있었다.

알고 보니 아이는 3~4월 동안 목이 많이 아팠다. 컨디션이 좋지 않은 까닭에 엄마의 보살핌을 받고 싶은데 매일 아침 등교를 해야 하니 그것만큼 싫은 게 어디 있었을까.

목이 다 낫고, 컨디션이 올라오니 등교 거부는 추억이 되었다. 현재는 하고 싶은 것도 하면 안 될 때가 있고 싫어도 해야 할 때가 있다는 것을 인정할 만큼 마음이 성장한 모습이다.

아이들과 『진정한 일곱 살』이라는 동화책을 읽고, 『진정한 여덟 살』이라는 책을 만들었는데, 이 아이가 쓴 글이 참으로 기특하다.

진정한 여덟 살은 학교에 혼자 갈 수 있어야 한다는 아이

발표하지 못하는 아이

우리 아이들은 말하는 것을 좋아한다. 무슨 주제만 던지면 여기저기서 하나둘 개인방송을 틀기 시작한다. 딱히 주제와 상관없는 이야기들.

저는 어제 가족들하고 바다 갔다 왔어요. 동생이 자꾸 괴롭혀요. 어제 잠이 안 와서 새벽에 잤어요. 우유 언제 먹어요? 중간놀이 해요? 지금이 몇 시인데 중간놀이를 하니.

그러다가도 수업 시간이 되어 질문을 던지면 절반이 입을 닫는다.

나머지 절반 중에서 반은 두서없이 이야기하고, 반은 그나마 손을 들고 발표한다.

듣는 것은 어떠한가. 우리 아이들은 자기가 말하는 것에 만족하는 아이들이다. 잘 듣지 않는다. 들어는 주되 말이 끝나면 다시 자기 이야기를 한다.

"얘들아, 입은 하나이고 귀는 두 개인 이유가 뭔 줄 아니? 말하는 것보다 듣는 것이 더 중요하기 때문이야."

"얼굴에 구멍을 하나 더 뚫어서 입을 만들면 되죠."

아이고. 이래서는 안 되겠다 싶었는데 마침 국어 시간에 발표하는 법을 배우는 차시가 있었다. 그래서 아이들에게 발표회를 할 것이라고 공지했다. 자신의 꿈을 대본으로 만들어 외우고, 시청각실에서 단독무대를 꾸며 발표하기로. 발표할 때 손을 들어야 하는 이유, 발표하는 자세와 발표할 때 목소리 크기와 속도, 친구들이 발표할 때 듣는 태도에 대해 일러 주고, 매일 연습하라고 했다.

발표회를 한다는 말에 한 아이가 쉬는 시간에 와서 말을 걸었다.

"선생님, 발표회 언제 해요? 왜 해요? 안 하면 안 돼요?"

"왜 하기 싫은데?"

"저 꿈 없어요. 안 할래요. 못해요."

"그럼 이참에 꿈을 만들면 되겠다."

"싫어요. 저 잘 때도 꿈 안 꾼단 말이에요!"

조금만 용기 내면 친구들 앞에서 말할 수 있을 거라고, 발표하는 것을 쉽게 생각했기 때문에 아이의 대답이 웃겨 피식하고 넘어갔다.

도무지 발표에 자신이 없었는지 아이는 매일같이 찾아와서 말을 걸었다.

"오늘은 뭐 할 거예요? 수학? 차라리 발표 안 하고 수학 했으면 좋겠다."

넌지시 발표하기 싫다는 말을 툭 던지고, 내 눈치를 한번 슥 보고 가기를 여러 번.

그래서 더욱 발표회가 필요하다고 생각했다. 무대에 올라 발표하는 경험을 하면 자신감을 쌓을 수 있을 것이라고 생각했기 때문에.

발표회 당일까지 나는 아이의 초조함을 공감하지 못했고, 결국 아이는 무대에 오르기를 거부했다.

"무대에 올라가서 선생님이랑 30초만 서 있다가 내려오자."

친구들에게 응원의 박수를 부탁했고, 아이는 어렵게 용기를 내어 무대 위로 올라갔다. 마이크를 잡고 30초. 아이에게는 30초가 30분처럼 길게 느껴졌으리라.

무대에서 내려왔을 때 친구들은 아이가 용기 낸 것에 힘찬 응원과 박수로 축하해 주었다. 아이는 그제야 입가에 미소를 띠며 한시름 놓았다는 표정을 지었다.

두 번째 발표회를 준비할 때에도 아이는 나를 찾아왔지만 못하겠다는 소리는 하지 않았다.

"외우긴 다 외웠는데, 무대 올라가서 다 못 말하면 어떡해요?"

"괜찮아. 외운 만큼만 발표하고, 기억이 안 나면 들어 줘서 고맙다고 하고 내려오면 돼."

"이번에는 왠지 다 말할 수 있을 것 같다."

옆에서 지켜보아도 꽤 연습한 것 같은데, 한 문장 말하기에만 성공

해도 자신감을 얻을 수 있을 것 같다는 느낌이 들었다. 부디 입만 열어 다오.

당일, 자기 순서가 되자 성큼성큼 무대에 올랐다. 이건 되었다. 성공이다.

마이크를 탁 잡고, 발표를 시작했다.

"지금부터 발표를 시작하겠습니다. 제가 잘하는 것은."

그 순간, 친구 두 명이 친구들에게 다 들릴 만큼 떠들기 시작했다.

어어, 했는데 무대에 선 아이 표정이 싹 변하더니 입을 꾹 닫았다. 그러고는 정적. 겨우 시간만 채우고 무대에서 내려왔다.

"아, 쟤네가 떠들어서 다 까먹었어요."

"괜찮아. 그 정도만 해도 아주 잘한 거야."

사실 내가 더 아까웠지만 처음에 비하면 엄청난 용기라고 생각하고 아이를 다독였다. 말을 못하면 못하는 대로, 잘하면 잘하는 대로 이것 또한 소중한 경험이겠지.

발표회는 나름 성공적으로 끝났다. 부모님들도 아이들이 발표하는 모습을 동영상으로 보고 열심히 연습한 모습, 또박또박 말하는 모습을 칭찬해 주었다.

발표회가 끝나도 아이들은 여전히 개인방송을 튼다. 어째 목소리가 더 커진 것 같다.

한글을 모르는 아이

　1학년은 한글 지도를 해야 한다. 어렸을 때 어떻게 한글을 배웠는지 기억도 나지 않을뿐더러 뇌 속으로 스윽- 하고 스며들었던 것 같은 한글을 어떻게 지도해야 할지 막막했다.

　교과서와 찬찬한글을 병행하며 나름대로 한글 지도를 해 나갔다. 무모하면서도 투박한 지도였지만 아이들이 곧 잘 따라오며 한글을 익혔다. 그러다가 한글에 유독 흥미가 없어 보이는 아이를 발견했다.

　부모님께 여쭤 보니 아이는 한글을 읽은 지도 얼마 안 되었고, 자모음은 초등학교에 들어와서 처음 배웠다고 했다.

　자기가 또래 친구들보다 잘 못하는 것이 속상한 아이를 보고, 친구들과 차이가 더 벌어지면 한글에 대해 거부감만 더 커질 것이라고 생각했다.

　"선생님이랑 한글 공부할래? 끝나면 맛있는 것도 주는데."

　"뭐 주는데요?"

　"같이 하면 알려 주지."

　결국 일주일에 한 번, 삼십 분씩 같이 공부하기로 했다. 여정이 시작되었다.

　처음에는 몰랐지만 양동이(가명)는 말을 매우 잘했다. 더듬더듬 한글을 써 내려가는 모습을 보다가도 친구들이랑 대화하는 모습을 보면 얘가 아까 그 애가 맞나 싶을 정도였다. 예를 들면,

　"안 돼. 나도 더 이상은 못 빌려 줘. 네가 계속 이런 식으로 나오면 나 엄마한테 회초리 맞아."

말하기는 잘하는데 말하는 것을 문자로 옮기는 게 부족했다. 한글을 읽는 것도 조금 서툴렀다.

"책 읽기 싫은데!"

양동이는 읽었던 책 다시 읽기를 매우 싫어했다. 한글을 배우는 다른 친구들 이야기를 들어 보면 읽었던 책을 가장 잘 읽고, 내용이 익숙해서 그 책만 읽는다는데 이 아이는 왜 읽었던 책을 또 읽어야 하느냐며 엉엉 울었다. 사실 읽었던 책뿐만 아니라 책 읽기 자체를 별로 좋아하지 않았다.

화요일 개별 지도의 시작은 늘 익숙한 책 읽기 활동이었다. 이 활동은 하나의 책을 여러 번 읽어 책 읽기에 대한 자신감을 심어 주고, 나도 책 한 권을 온전히 다 읽을 수 있다는 마음을 심어 주기에 좋았다. 그런데 양동이는 내가 책을 고르는 모습만 봐도 바로 표정이 찡그러졌다.

"이거 읽었던 책인데 왜 또 읽어요?"

"책 안 읽으면 안 돼요?"

양동이가 이렇게 말할 때마다 달래기도 하고, 혼내기도 하고, 읽자고 사정 아닌 사정도 해 보았지만 책 읽기를 완강하게 거부했다. 자신감을 심어 주기는커녕 활동이 재미없으니 한글에 대한 흥미도 계속 떨어지는 것 같아 마음이 불안했다.

불행 중 다행인 걸까. 양동이는 읽기보다 쓰기를 좋아했다. 책을 읽을 때와 비교하면 문장 쓰기를 할 때 목소리 크기와 표정부터 달랐다. 쓰기활동을 할 때는 얼굴에 흥미가 가득했다. 쓰고 싶은 문장을 만들어 보라고 하면 곰곰이 생각을 하는 모습이 책 읽을 때보다 훨씬 보기 좋았다. 양동이가 좋아하는 활동에 초점을 맞춰야겠다고 생각하고 읽기보다 쓰기활동을 많이 했다.

'짧은 책 한 권 읽기 → 책 내용에 대해 이야기하기 → 문장 쓰기' 활동을 일주일마다 반복했다. 시간을 내서 낱말카드 만들기도 했다. 전혀 알아보지 못할 것 같은 그림을 그려서 낱말카드를 만들었는데, 자기가 만들어서 그런지 그림만 보고 단어를 척척 만들어 내는 모습 이 재미있었다.

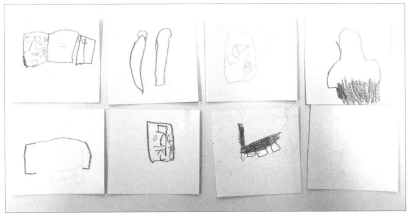

왼쪽부터 순서대로 칠판, 색연필, 필통, 빗자루, 책상, 카메라, 의자, 지우개

4월부터 12월까지 시간이 될 때마다 양동이를 붙잡고 한글 공부를 함께 했다. 처음 시작할 때는 글을 읽고 쓸 줄 알아야 세상이 선명하 게 보이지 않겠나 싶은 심정이었다.

1년이 가기 전에 한글을 자연스럽게 읽고 쓸 줄 알면 참 좋겠다고 생각했다.

반 아이들과 크리스마스카드를 쓰는 중이었다.

"선생님, '밤' 어떻게 써요?"

"바지 할 때 '바'에다가 'ㅁ' 받침."

"바지? 바? 시옷?"

(양동이) "아니, 비읍! 비읍! 바지 할 때 바."

웃음이 났다. 얘가 3월에 그 애 맞나? 잘 몰라서 딴청 피우던 아이가 이제는 친구들한테 자음 모음을 알려 주고 있다. 글씨도 지렁이가 살아 움직일 듯이 꼬불꼬불 써 오더니 이제는 대나무가 곧게 서 있듯 죽죽 잘 눌러쓴다. 기특한 녀석.

"양동이! 한글을 이렇게나 잘 쓰고 잘 읽으니까 선생님이 얼마나 기분 좋게?"

성장발표회

올해도 어김없이 성장발표회가 찾아왔다. 한 해가 저물고 있다는 뜻이다. 작년 이맘때 전역을 했고, 이곳에서 꼭 1년을 살았다. 감회가 새로웠다.

작년과 또 다른 것이 올해는 성장발표회를 직접 준비하고 계획했다. 때문에 더 잘하고 싶었고, 작년에 느꼈던 아이들의 뜨거움을 올해도 어김없이 느끼고 싶었다.

준비는 생각보다 녹록지 않았다. 우선 아이들과 목표 공유가 잘 안되었다. 1년 동안 배운 것들을 무대에서 가장 빛나게 보여 주고 싶은 것이 목표인데, 아이들은 그것에 별 관심이 없어 보였다.

"얘들아, 우리가 지금껏 해 온 것들, 게다가 그냥 한 것도 아니고 잘 한 것들을 우리만 알고 지나가기에는 너무 아깝잖아. 그것들 좀 우리 부모님께 보여 드리자."

"무대에 오르는 것은 TV 속 연예인이 되는 거야. 무대에서 가장 빛 나는 주인공이 되어야 하지 않겠어?"

우리가 가야 할 방향에 대해 설명을 해 주었음에도 아이들은 그래 도 무대에 오르기 싫다고 고개를 절레절레 흔들었지만, 연예인이 되는 것이라는 말에 슬그머니 발표회에 관심을 갖는 듯했다.

무대의 완성도도 문제였다. 무대를 준비하는 시간은 그리 많지 않 았다. 시간표에 맞추어 교과서 진도 나가기에도 벅찬 학년 말이어서 시간을 쪼개고 쪼개 무대 연습을 해야 했다. 게다가 쪼갠 시간에라도

무대에서 주인공이 되겠습니다

연습을 딱딱 맞춰서 해 주면 좋으련만 알려 주면 까먹고를 반복하는 아이들이 야속하기만 했다. 이래 가지고 제대로 된 무대를 꾸밀 수나 있을까 싶었다.

시간에 쫓기다 보니 아이들을 조이게 되고 아이들도 똑같은 연습만 반복하는 것에 지쳐 보였다. 발표회 날짜가 다가올수록 나조차도 '성장발표회가 꼭 필요할까?'라는 마음이 생겼다. 주변에서도 '이거 왜 하느냐', '보여주기식 행사 아니냐'는 말을 많이 들었다. 마음이 싱숭생숭하니 괜히 사서 고생하는 것 같은 기분도 들었다.

그럼에도 불구하고 성장발표회는 필요하다고 생각했다. 왜냐하면 이것은 다사다난했던 1년살이를 매듭 짓는 중요한 행사이기 때문이다. 성장발표회는 '내가 해냈구나'라고 느낄 만한, 끝나고 나면 그 전과 마음가짐이 달라질 만한 의미 있는 행사, 입학식이나 졸업식 같은 의례였다. 아이들에게도 자신을 드러낼 수 있는 기회, 틀렸다고 탓하는 사람이 없기 때문에 자신감을 높일 수 있는 기회, 아쉬움을 노력으로 극복할 수 있는 기회였다.

성장발표회 무대는 우리가 지은 시 낭송으로 시작했다. 아침활동으로 동시 쓰기를 하면서 키운 감각과 시청각실 무대에서 단독으로 발표했던 경험을 살리기로 했다. 26명의 아이들이 각자 한 문장씩 지은 것을 엮어 하나의 시로 만들고, 한 명당 한 문장씩 시를 낭송하며 우리가 1년 동안 무엇을 배웠는지 부모님께 알리는 시간을 가졌다.

대부분의 아이들은 초등학교에 입학해서 오카리나를 처음 접했다. 그래서 오카리나 잡는 법도, 손가락을 어떻게 움직여야 하는지도 잘 몰랐다. 1학기에는 도레미파솔은커녕 손가락이 오카리나 구멍에 쏙 들어가 버리는 바람에 구멍에서 바람이 솔솔 새어 나왔다.

헛바람만 뻑뻑 내던 아이들이 불고, 불고, 머리가 띵할 정도로 또 불어서 점차 곡을 익혔다. 빠른 박자에도 손가락을 부드럽게 움직일 줄 알게 되었고, 반주를 들으며 박자에 맞추어 연주할 수 있게 되었다. 무대에서 5분 남짓 곡을 연주하는 것이 보기에는 쉬워 보여도 결코 우습게 볼 수 없는 이유이다.

리허설만 해도 집중하지 못하고 실수가 잦아서 걱정이었는데, 우리 아이들은 무대 체질인가 보다. 가족 관객들이 앞에서 지켜보고 있어서 그런지 긴장한 모습이 역력했지만 그 덕에 무대에서 집중하게 되어 아이들은 더욱 빛났다. 다행히 다들 연습한 만큼 충분히 실력을 보여 주었고, 아주 성공적으로 발표회를 마쳤다. 아이들 스스로도 후련하면서도 뿌듯함을 느낀 듯했다.

"오늘만큼은 너희가 주인공이야."

성장발표회가 끝나고 며칠 뒤, 수줍음이 많아서 늘 몸을 배배 꼬고 목소리가 기어 들어가던 아이가 내 앞에 와서 보란 듯이 오카리나를 분다. 심지어 가르쳐 주지도 않은 곡이다.

"어떻게 이렇게 잘 부니?"

아이에게 물어보니, 전에는 몰랐지만 성장발표회를 준비하면서 오카리나를 불어 보니 재미있더라, 재미있어서 계속 부니 오카리나를 잘하게 되더라, 선생님이 오카리나 부는 것을 듣고 잘한다고 칭찬을 해 주니 자신감이 붙었다는 것이다. 이 아이는 오카리나로 자기를 나타내고 있구나. 내가 할 일은 학생이 나다움을 찾고, 할 수 있다는 자신감을 가질 수 있도록 옆에서 끊임없이 밀어 주는 것이구나.

돌이켜 보니 1년을 열심히 흘려보내기도, 채우기도 했다. 새로운 곳에서 새로운 사람들을 만난 해라서 낯설지만 동시에 설렌 한 해가 아니었나 싶다. 내년에는 올해 겪은 것들을 바탕으로 조금 더 능숙하고 정교한 모습을 기대해 본다. 올해는 뜨거운 곳에서 뜨겁기 위해 애쓴 것만으로 만족하자.

4장

천 리 길도 한 걸음부터

소담살이 1년 차 이윤정

천사 같은 아이들과 함께 보낸
올 한 해는 내 교직 인생에서
가장 행복한 때였다.
일 년간 나와 함께해 온
모든 사람들에게 감사하다.
혼자라면 할 수 없었던 일들이었다.
앞으로도 조금씩
성장할 수 있도록 노력하되,
지치지 않게 나를
돌보는 연습도 해야겠다.

아이들의 꿈을 키우는 성장일기 만들어 가기

　아이들을 맞이할 준비를 하면서 올해는 아이들과 어떻게 소통할까 고민했다. 특정 과목을 깊이 연구하여 수업하는 것도 중요하지만 늘 먹는 음식이 중요하듯이 일 년 내내 이어지는 꾸준한 방식으로 아이들을 가르치고 싶었다. 그러다가 생각난 것이 일기 지도였다.

　일기는 사실 위주로 쓰면 단순하고 재미없는 글이 되기 십상이다. 내가 초등학생일 때 읽고 쓰는 즐거움 없이 맞춤법만 고쳐 나가는 일기를 썼었다. 오늘은 어떻게 써야 할지 매일의 고민거리를 안겨 주던 일기들은 나에게 짐 아닌 짐이었다. 정말 쓸 것이 없을 때는 간단한 이야기책을 읽고 글쓴이의 말에 있는 줄거리와 인물들을 파악한 뒤 내가 쓴 것인 양 글을 베껴 쓴 적도 있었다.

　선생님이 되고 나니 일기가 중요하다는 것을 알게 되었다. 하지만 재미없이 쓰면 나의 매일을 기록하는 즐거움을 잊고 의무적으로 쓰기 쉽게 되는 활동이라는 것도 느꼈다. 그래서 올해는 일기 지도를 할 때 최대한 기록하는 것의 즐거움과 습관화에 초점을 맞추어 지도를 해야겠다고 생각하고 있었다. 과연 실행에 옮길 수 있을까 고민하던 때 친구에게서 연락이 왔다.

여느 때처럼 밥을 먹고 한창 교육활동에 대해 이야기를 했다.

"나는 작년에 책 만들기를 했어."

"그게 뭐야?"

"아이들이 실제로 책을 만드는 거야. 한번 볼래?"

친구가 보여 준 사진의 책들은 동화 작가가 출판했다고 말해도 믿을 정도로 훌륭했다.

"이걸 애들이 만들었다고? 어떻게 만든 거야?"

"학기 초에 책 만들기를 할 거라고 공지를 했지. 그리고 독서나 소설, 글짓기 활동에 관련된 단원은 전부 뽑아서 재구성을 했어. 중간에 실제로 작가와의 만남도 해서 책을 내는 과정이나 글을 쓸 때의 유의점도 들어 봤지. 이 작가와의 만남이 굉장히 중요해. 직접 책을 내 본 사람과 소통하니까 자기들이 진짜 책을 만들고 있다는 생각이 들었나 봐."

예쁜 책도 내고 전시도 하는 친구를 보니 부러웠다. 나도 무언가를 해 보면 좋겠다는 생각도 들었다. 하지만 경험이 없어 무작정 뛰어들기엔 두려움이 앞섰다.

"나도 부담 없고 애들도 부담 없이 가볍게 글짓기에 관련된 지도를 할 수 있다면 좋을 텐데. 뭐 없으려나?"

"그러면 일기는 어때?"

"일기?"

"그래 일기. 매일 쓰고 가볍게 쓸 수 있지만 일 년 동안 꾸준히 하면 문장력이나 글 구성력이 엄청나게 좋아져."

"해 봤지만 나중에 가면 점점 일기가 짧아지더라. 게다가 일 년 내내 지도해도 크게 변하는 건 없던데. 내가 제대로 안 해 봐서 그런 건가?"

"음, 전엔 몇 번 정도 일기 쓰게 했는데?"

"일주일에 두 번 정도? 그 이상은 나도 일일이 답변해 주기가 힘드니까."

"그러면 횟수를 줄이는 건 어때?"

"일주일에 한 번만 쓰라고? 일기인데?"

"이제 일기를 글짓기 식으로 써 보는 거지. 한 번 쓰지만 길게 쓰는 거야. 그리고 너도 단순하게 답변하지 말고 진짜 글을 쓸 때 필요한 주제나 문단 구조 같은 것을 봐 주는 거지."

어려울 것 같아 망설이고 있는데 친구가 나의 마음을 바꾸는 한마디를 건넸다.

"어른도 자기 SNS에 글 쓰고 누가 길게 답변 달면서 관심 가져 주면 좋아하는데, 아이들은 더 좋아하겠지. 대부분의 사람들은 자신의 일상을 남들이 보고 반응을 보여 주면 좋아하잖아."

그래. 어렵지만 도전해 보자. 그렇게 일기 지도 준비를 시작했다.

처음에 찾아본 것은 유명한 선생님들의 학급운영 책이었다. 선생님들이 손으로 직접 쓰고 만들며 하나씩 쌓아 온 교육 자료들의 내공과 아이들에 대한 사랑을 느낄 수 있었다. 일기 지도도 체계적이다.

예전에 내가 하던 일기 지도가 간단한 공감을 표시하는 인터넷의 댓글 같은 방식이라면, 책에 나온 지도법은 논술 학원을 다니며 체계적으로 문단을 배우는 방식이다. 일기로 글짓기를 깊이 있게 가르칠 수 있다는 것이 놀라웠다. 전부 다 체득할 수는 없지만 일부라도 내 것으로 만들려고 여러 번 돌려 읽으며 공부를 했다.

첫 번째 일기 숙제를 걷은 날, 두근거리는 마음으로 방학 중에 공부했던 내용을 상기하며 아이들의 일기를 읽기 시작했다. 그전과는 일기가 다르게 보였다. 글에서 보완해야 할 점이나 각각의 글이 가진 장점들이 보이기 시작했다.

'송이는 사실 기록은 아주 잘하는데 자기감정을 돌아보는 것이 서툴구나.'

'두이는 일기를 굉장히 솔직하게 쓰네. 자기를 표현하는 일이 자연스러운 아이구나.'

'효민이는 글의 형식에 대해 아직 잘 모르는구나. 그런데 글씨는 굉장히 바르네.'

나는 일기를 읽으며 각각의 글에 대해 느낀 점과 글을 발전시킬 수 있는 방향을 최대한 자세히 써 주었다. 처음 일기 첨삭 시간은 두 시간이나 걸렸지만 정말 재미있었다.

일기 지도를 하다가 열심히 쓴 글이나 함께 생각해 볼 점들을 짚은 글들은 사진을 찍어 클래스팅에 공유했다. 아이들도 자신의 글이 학급 게시판에 올라오는 것을 보고 글쓰기에 뿌듯함을 느꼈다.

3월, 학부모 상담 주간이 있었다. 미처 알지 못한 아이들의 성격이나 기질을 물어보며 아이에 대해 알아 가는 시간으로 생각하고 상담을 했다. 그중 몇몇 부모님은 일기 지도에 대해 만족스러운 말씀을 해

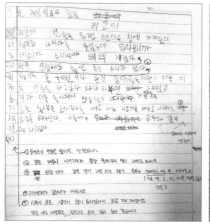
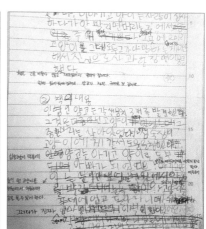

아이들 일기

주셨다.

"선생님이 써 주신 첨삭들을 아이하고 함께 읽어 봤어요. 그전에는 아이 글을 봐도 어딜 손봐야 할지 모르겠어서 지도하지 못한 부분들을 짚어 주시니까 좋아요."

"제가 재촉하지 않아도 아이가 스스로 앉아서 일기를 쓰는 모습이 대견해요. 전에는 제가 항상 챙겨야 했는데 신기하네요."

"클래스팅에 자기 일기가 올라오면 굉장히 좋아해요. 다음번 일기도 열심히 쓰겠다고 하더라고요."

공을 들인 만큼 아이들도 열심히 따라와 주는 것 같아 뿌듯했다. 아이들의 글에서 자신의 생각을 담는 문장이 늘어나고, 분량이 길어질 때마다 성취감을 느꼈다. 일기를 꾸준히 써 온 아이들도 느낀 점들이 많았다.

"선생님이 써 주신 피드백 보고 글을 쓰면 실력이 조금씩 느는 것 같아요."

"힘들지만 글을 쓸 때 자신감이 생겨요."

"선생님이 저한테 글짓기에 재능이 있다고 말해 주신 게 정말 좋았어요. 제가 작가가 된 것 같거든요."

아래는 한 학기가 지난 뒤 찍은 아이들의 일기 사진이다. 가을 곡식이 탐스럽게 익으려면 햇볕의 따가움을 오랜 시간 견뎌야 한다. 매주 한 번이지만 화창한 주말에 딱딱한 의자에 앉아 긴 글을 쓰는 것은 겨우 열 살 남짓 먹은 아이들에게 쉽지 않은 일이다.

모든 일이 그렇듯 처음엔 어렵고 힘들기만 했던 일기가 기억을 담는 보물 상자가 되는 순간 아이들은 앞으로도 계속 자신의 일상을 기록해 나갈 것이다. 책으로 배운 미숙한 지도에도 불구하고 열심히 따라 준 아이들에게 고맙다. 덕분에 나도 교사로서 많이 성장할 수 있었다.

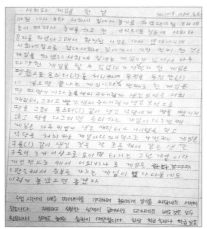 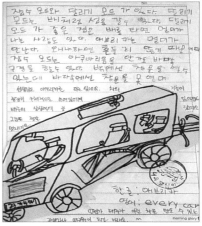

아이들 일기

SCENE과 함께! ROCK과 함께! 3학년 뮤지컬 영화제

2018년 2월 중순의 어느 날 3학년 연구실에 모여 동학년 선생님들과 인사를 했다. 첫 대면이라 어색하게 앉아 있던 그때 부장님이 운을 뗐다.

"올 한 해 아이들 같이 지도하면서 혹시 해 보고 싶으신 것 있으면 말씀해 주세요. 선생님들이 하고 싶으신 것들을 전부 시도할 수 있는 곳이거든요. 진짜로 주저하지 말고 꼭 말해 줘요. 같이 교육과정도 짜야 하는데 아이디어가 많이 나올수록 좋아요."

다들 수긍하는 분위기에서 학년교육과정을 짜자고 이야기를 했다.

"선생님들 혹시 뮤지컬 영화제 어떠세요?"

"뮤지컬이요?"

한국에서 태어나 이십 년 넘게 교육을 받아 왔지만 실제로 뮤지컬을 학교에서 접해 본 기억은 전무했다. 초등학교나 중학교 때 배운 것은 PPT를 읽는 발표 수업뿐, 노래를 부르고 춤을 추는 뮤지컬은 시도해 본 적도 배워 본 적도 없던 터였다. 게다가 선다형 문제를 푸는 건 잘해도 연기를 지도하는 것은 생각만 해도 숨이 턱 막혀 왔다. 하지만 부장님과 연륜이 쌓인 선생님들의 밝은 얼굴을 보니 어쩐지 마음이 놓였다. 믿고 따라가면 많은 것을 배울 수 있을 것 같아서 하겠다고 했다. 못해도 중간만 가자는 생각으로 동의했다.

듣고 있던 부장님이 이야기했다.

"이거 하고 나면 좋은 아이템 하나 얻어 가는 거예요. 뮤지컬은 종합 예술이라 음악, 미술, 체육, 국어, 영어 같은 다양한 과목들을 함께 가르칠 수 있거든요."

부장님이 덧붙여 설명했다.

"선생님 우리 잘해 봐요. 잘되면 재밌을 것 같아."

한 선생님이 호응했다.

함께 듣고 있던 선생님들도 모두 기대하는 얼굴로 말했다.

학년교육과정을 공유하는 자리에서 12월 21일에 영화제를 하겠다고 소담초등학교 모든 선생님들에게 공표했다. 일단 하겠다고 말했으니 무조건 해야 한다. 아직 시간이 많이 남았으니 잘될 거라 생각했다. 그리고 3학년들을 맞이할 준비를 했다.

영화제를 준비하기 위해 처음 계획한 것은 두 가지였다.

첫 번째는 뮤지컬 영화 동아리, 두 번째는 교실에서 찾은 희망 프로젝트 참여였다.

뮤지컬을 처음 접한 선생님도 있었기 때문에 담임선생님 홀로 뮤지컬을 깊이 있게 가르치기에는 어려움이 있었다. 그래서 뮤지컬 영화 동아리를 만들기로 했다. 뮤지컬의 각 분야를 한 사람씩 맡아 공부하고 아이들을 가르치기 위해서였다.

3월이 지나고 학급도 안정될 무렵 반을 섞어 이동수업을 하며 동아리 활동을 하자는 이야기가 나왔다. 교육연극을 전공한 선생님, 작년에 영화제를 성공시켰던 선생님, 직접 뮤지컬을 해 본 선생님들이 계셔서 영화제를 준비하는 활동을 짜는 것은 순조로웠다.

"각 반 선생님들끼리 뮤지컬과 영화제를 위한 동아리 부서를 하나씩 맡아서 지도하는 게 어떨까요. 아이들도 각자 자기가 원하는 부서로 가서 배우는 거야."

"그러면 반이 섞이는 거네요?"

"그렇죠. 2학기 때는 1학기 때 배운 걸 바탕으로 자기 반에서 직접 영상 만들고, 뮤지컬 연극도 짜고."

"담임선생님 혼자서 모든 걸 가르치지 않아도 되니까 부담이 훨씬 적어서 좋아요."

"그럼 반을 나눠 볼까요? 나는 직접 뮤지컬을 해 보았으니까 연기할 아이들만 모아서 지도하는 연기부를 맡을게요."

"무지개 샘은 연극 전공하셨으니까 대본 흐름도 알 거고. 그러면 시나리오 부서 어때요?"

"좋아요."

이렇게 각자 자신 있는 분야를 나누어 지도하기로 했다. 우리 반은 개성이 강한 아이들이 많아 연기부에 지원자가 몰렸다. 의욕이 넘치는 아이들을 보니 나도 열심히 해야겠다는 생각이 들었다. 매주 관심 있는 분야에 대해 공부하고 활동하는 아이들도 신나 보였다. 여름방학이 가까워지며 아이들도 뮤지컬을 만들기 위한 기본 요소들을 익혔다.

3학년 선생님들이 모두 옹기종기 연구실에 모였다.

"동아리 마지막 활동으로 각 부서의 합작품을 만들어 보는 건 어떤가요?"

"어떻게요?"

"시나리오부에서 작품을 쓰면 소품부랑 음향부, 연기부에서 그걸 보고 지금까지 배운 만큼 소품도 만들고, 음악도 찾고, 연기도 하는 거죠. 영상부는 올라온 연극을 찍고요."

"시나리오부에서 패러디할 작품을 하나 정해서 시나리오를 쓰는 게 좋을 것 같아요. 3학년이 직접 창작을 하려면 시간도 오래 걸리고, 아이들도 주제 정하기가 어려울 것 같아요."

"그러면 3학년의 온작품인 '만복이네 떡집'을 패러디한 '장군이네 떡집'을 시나리오로 쓰는 건 어떤가요."

"좋아요. 만복이네 떡집으로 수행평가만 해서 아쉬운 점이 있었거든요."

"찍은 영상은 2학기 때 뮤지컬 영화제 홍보용으로 사용해도 좋겠네요."

계획은 좋았지만 과연 의도대로 될지 의문이었다. 아이들은 어리고 동아리 수업은 겨우 일곱 차시만 들었기 때문이었다. 하지만 그것은 기우였다. 생각보다 아이들은 연극을 만드는 활동에 진지하게 참여했다. 소품부 아이들은 자신이 만든 소품이 연극에 쓰이는지 주의를 기울이며 극을 관람했다. 작은 소품 하나도 마음을 담아 만들었기 때문에 극에 집중할 수 있었을 것이다.

극 올리기를 마지막 차시로 1학기 동아리 수업은 마무리가 되었다.

동시에 3학년 전체가 월드비전에서 매년 개최하는 '교실에서 찾은 희망 프로젝트'에도 참여했다. 때는 5월 중순. 아침자습 시간에 아이들에게 떨리는 마음으로 프로젝트를 안내했다.

"3학년은 뮤지컬 영화제를 대비하는 활동으로 월드비전에서 하는 '교실에서 찾은 희망 프로젝트'에 참여하기로 했어요. 선생님도 이렇게 영상 만드는 대회는 처음이라 떨려요. 그래도 같이 열심히 해서 좋은 작품 만들었으면 좋겠어요."

"그게 뭐예요?"

"우리 얼굴 유튜브에 나가요?"

"나 춤 못 추는데! 선생님 저 추기 싫어요!"

"대본은 우리가 써도 돼요?"

아이들의 반응은 제각각이었다. 접해 보지 않은 것을 두려워하는 아이, 의욕적으로 대본까지 쓰겠다고 이야기하며 참여하는 아이, 자기 얼굴이 유튜브에 나온다고 들뜨는 아이까지.

"네. 대본은 여러분이 쓰고 선생님과 함께 다듬을 거예요. 좋든 싫든 해 봐야 경험도 쌓이고 새로운 분야에 대한 눈도 트이겠죠? 힘내 봅시다."

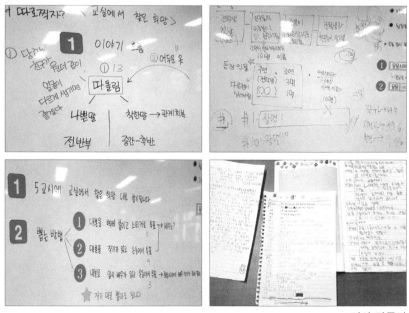

영상 만들기

처음에 싫다고 이야기한 아이들도 영상을 찍을 때는 열심히 춤을 췄다. 정말 진지하게 춰서 웃으라는 말을 많이 했다. 나 역시 영상 편집, 시나리오, 무용 지도까지 모두 처음이라 아이들과 함께 배운다는 마음으로 준비했다.

밤늦게 남아서 동영상 편집 프로그램으로 찍은 영상을 여러 번 붙이고 자르며 돌려보기를 했다. 큰 깨달음을 얻었다. 바로 영상은 한 번에 찍어서 자를 필요 없게 만드는 게 제일 좋다는 것이었다. 자막 넣기도 편하고 비슷한 영상 찾아서 넣고 빼는 수고를 덜 수가 있기 때문에 시간을 많이 절약할 수 있었다.

우여곡절 끝에 결국 영상을 만들어 올렸다. 참가상이라도 좋으니 아이들과 함께 노력한 영상이 빛을 발하면 좋겠다는 생각이 들었다.

3주 후 과자 40봉지가 배달되었다. 과자가 오자 아이들도 그간 고생했던 것들에 대해 보상받는 것 같은 얼굴이었다. 여름방학 전 금요일에 과자파티를 하기로 했다. 아이들도 뿌듯하고 나도 아이들의 웃는 얼굴을 보니 행복했다.

뮤지컬을 큰 무대에 올릴 계획이 있는 선생님은 이 프로젝트에 꼭 한 번 참여해 봤으면 좋겠다. 참여하면 상품이 있어 아이들의 동기를 쉽게 끌어올릴 수 있고, 학급 뮤지컬을 만들기 전 연습 활동으로 적절하기 때문이다. 동기 부여된 귀여운 아이들을 데리고 영상을 만들어가는 즐거움은 덤이다.

아이들이 직접 연기하고 춤을 추며 영상까지 찍고 편집까지 한 파일을 유튜브에 올려놓았을 때를 기억한다. 분명 만들 때는 하기 싫다고 하거나 귀찮다고 한 아이도 영상을 몇 번씩이나 돌려보자고 말하며 참여 결과를 기대하는 눈치였다. 아이들은 생각보다 자신이 만든 작품에 애착을 갖고 있었다.

선선한 바람이 불 즈음 여름 햇볕에 살을 까맣게 태우고 온 아이들이 교실에 돌아왔다. 이제 12월까지 네 달. 아직은 여유가 있다고 생각하며 연구실로 갔다.

"선생님들 여름방학 때 책 읽어 왔어요?"

영화제를 준비하기 위해 3학년 선생님들이 공동 구매한 뮤지컬 교육 서적을 말하는 것이다. 나는 여름방학 때 더위를 피해 도서관에 가서 읽었다. 뮤지컬 지도를 처음 해 보는 사람들을 위해 쓰였기 때문에 전문 용어가 많지 않고 자세하게 설명되어 있어 뮤지컬 교육을 이해하기에 좋았다. 실제 교육에 사용한 학습지와 구체적인 사례까지 서술되어 있어 도움이 많이 되었다. 이것을 바탕으로 함께 2학기 교육과정을 계획했다.

"이 책에 있는 학습지를 3학년 수준으로 낮춰서 활용하면 아이들이 시나리오 쓰는 데 도움이 될 것 같아요."

"좋아요. 그러면 책에 있는 걸 활용하도록 하죠."

"뮤지컬 만드는 건 학급별로 할 건가요?"

"학급에서 여러 작품을 만들지, 한 작품을 길게 만들지 정하면 좋겠어요."

"3학년은 뮤지컬을 경험해 보는 수준으로 교육을 하는 것이 나을 거예요. 기초가 없는 상태에서 긴 영상이나 극을 만드는 건 무리예요."

"각 반에서 대주제를 정하고 모둠을 나눠서 각자 짧게 영상을 만드는 건 어때요?"

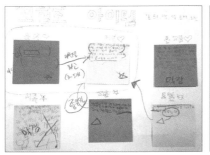
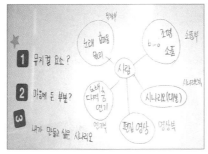

영상 만들기

"대주제와 관련된 소주제별로 영상이나 연극을 준비하자는 거죠?"

"일단 해 보고 중간에 수정합시다."

대주제를 정할 때 나의 처음 의도는 동화였다. 귀엽고 아기자기하고 마음이 따뜻해지는 동화. 그러나 우리 반 아이들은 요즘 인기 있는 〈신비아파트〉라는 애니메이션을 재미있게 보던 터라 동화에는 흥미가 없다고 했다. 이럴 수가.

"선생님 귀신 나오는 거 돼요? 동화는 아이들이 보는 거니까 무서운 이야기도 동화잖아요!"

"무서운 이야기에 감동과 의미를 담을 수 있어?"

"네!"

"어떻게 담을 건지 A4 용지 반쪽 분량으로 선생님한테 써서 보여 주면 고민해 볼게."

이렇게 말했지만 고민이 된다. 아이들은 무서운 이야기를 만들고 싶어서 쉬는 시간마다 나를 쫓아다니며 졸랐다. 아이들이 가고 난 후 곰곰이 생각해 보았다. 뮤지컬 영화제는 결국 아이들이 주인이 되어 자신들의 이야기를 만드는 것에 의미가 있다는 생각이 들었기에 동학년 선생님들과 논의한 후 허용했다. 분명히 담아내고 싶은 것이 있으니 저렇게 주장하는 것이라 믿고 지켜보기로 했다.

대본 쓰기 수업을 하며 시나리오를 쓰기 시작했다. 모둠의 글들은 공통점이 있었다. 분량을 길게 썼지만 내용이나 개연성이 없었다. 인물들이 의미 없는 대사만 늘어놓고 무대 밖으로 사라졌다.

"얘들아, 이렇게 쓰면 보는 사람은 너희가 어떤 것을 전하고 싶어 하는지 알 수 없어. 이 인물이 뭘 원하는지, 어떻게 행동하는지 다른 인물들과 엮이는 상황을 통해 보여 주어야 해. 갑자기 한 인물이 나와서 '하하하' 하고 들어가 버리면 관객들이 이해할 수 있겠니?"

"아니요."

"어떤 이야기를 쓰고 싶은지 정확히 한 문장으로 나타내는 것부터 해 보자. 그게 정해지지 않으면 어떤 이야기를 써도 지금과 비슷한 글들만 나올 거야."

"네. 선생님, 너무 어려워요."

"선생님도 처음이라 어렵긴 한데, 너희랑 같이 하니까 재밌어. 처음엔 조금 힘들어도 완성하고 나면 보람이 있을 거야. 힘내서 해 보자."

아이템 정하기부터 시나리오를 쓰기까지 많은 수정이 있었다. 역할

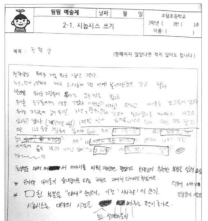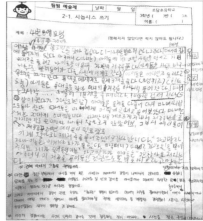

시놉시스 쓰기

나누기까지 하니 학기의 절반이 지나갔다. 교과 진도 나가랴, 뮤지컬 대본 쓰고 영화 찍으랴, 정신없이 하루하루가 갔다. 그래도 영화가 완성되어 간다는 뿌듯함이 있었다.

무난히 두 모둠이 영상을 찍고 마무리할 무렵, 낮에 영상을 찍는 모둠에서 갈등이 생겼다.

"선생님 가을이가 안 찍는대요."

"왜?"

"제가 가져온 의상이랑 대본이 마음에 안 든대요."

"그건 처음에 시놉시스 쓸 때 서로 이야기해서 정한 거잖아. 가을이 이리 오세요."

가을이가 억울한 표정으로 와서 내 앞에 섰다.

"가을아, 무슨 일이야?"

"겨울이가 이거 입으라고 하잖아요. 전 입기 싫은데."

"그전에 시놉시스 쓰고 캐릭터 정할 때 이야기한 거니까 너도 동의한 거 아니니?"

"아니에요. 제 의견 안 물어봤다고요."

가을이가 볼멘 투로 토로한다. 겨울이가 듣고 있다가 한마디 했다.

"아니야! 나 그때 너한테 물어봤어! 네가 알아서 하라며!"

겨울이 옆에 있던 여름이도 동조했다.

"맞아. 나랑 겨울이랑 시나리오 쓸 때 너랑 봄이한테 물어봤었는데 그랬잖아!"

"아, 내가 언제?"

눈치를 보아하니 가을이가 그때 그렇게 말했지만 지금은 하기 싫은 것 같았다. 중재해 주고 나니 10분이 지나 있었다. 영상도 찍어야 하고 소품도 챙겨 줘야 하는데 아이들 사이의 갈등까지 해결해야 하니 정신이 하나도 없었다.

이 일화 덕분에 깨달은 것은 활동 약속을 정하는 것과 갈등 중재를 위한 시간까지 염두에 두고 활동을 진행하는 것이 상당히 중요한 부분이라는 것이다. 협동이 많이 필요해서 작품이 완성될 때까지 모둠원간의 끊임없는 배려와 이해가 필요하다.

뮤지컬 영화를 준비하기 전에 아이들과 약속을 만드는 것이 영화를 만들어 가는 과정에 많은 도움이 된다. 꼭 끝까지 성실히 참여하도록 하고, 노력하는 친구를 나무라지 않게 분위기를 조성해 주도록 한다.

영화를 다 만들고 나니 11월 말이었다. 12월 말에 영화제가 있는데 수행평가까지 겹쳤다. 그래도 무엇 하나 포기할 수 없다. 국어는 일찌감치 진도를 나간 뒤 나머지 차시를 전부 대본 리딩과 배우 선발, 연기 연습에 할애했다. 음악과 체육도 마찬가지로 핵심 성취기준 위주로 가르친 뒤 뮤지컬 무대용 무용과 노래 연습 시간으로 활용했다.

영화제 준비

12월 20일 저녁, 3학년 선생님들이 모두 남아 밤늦게까지 무대를 꾸몄다. 모두들 생활기록부와 수행평가 채점으로 지쳐 있었지만 아이들과 함께 만들어 온 한 해를 잘 마무리하기 위해 힘을 냈다. 풍선도 불고 트리도 꾸미고 책상과 의자도 나르며 조명 점검까지 했다. 아무리 해도 일이 끝나지 않았다. 저녁 때 학부모 대표 위원 선거를 도와주러 오신 달님이네 어머님께서 마무리 작업을 도와주셨다. 정말 감사했다. 밤 11시가 되어서야 모든 무대 준비가 끝이 났다.

대망의 12월 21일 뮤지컬 영화제 당일. 나는 플래시몹을 시작하는 조명과 스크린을 올리고 내리는 것을 맡았다. 뮤지컬 무대의 첫인상에 영향을 주는 역할이라 정말 떨렸다. 임용시험 볼 때도 이렇게 떨진 않았던 것 같은데. 아이들의 무대가 나에게도 많이 중요했나 보다. 다행히 조명은 원하는 순간에 알맞게 켜졌고 열심히 준비한 플래시몹이 멋지게 시작되었다.

그날은 아이들도 자신의 무대를 보여 준다고 생각했는지 알아서 자기 역할에 충실하게 친구를 챙기고, 의상을 갈아입고 무대에 미리 와서 대기했다. 주인 의식을 가지고 움직이는 아이들을 보니 대견하고 일 년간 많이 자랐다는 생각이 들었다.

무대에 올라가기 직전에 아이들이 걱정했다.

"선생님 우리 춤 틀리게 추면 어떡해요?"

"지금까지 열심히 해 왔으니까 잘할 거야. 오른쪽 먼저인 것 기억해! 알았지!"

"그리고 좀 틀려도 부모님들은 너희들이 무대에 선 것 자체가 기쁘실 거야. 그러니까 기죽지 말고."

놀랍게도 무대는 대성공이었다. 안무를 틀린 아이도 없고 다친 아이도 없었다. 다들 행복하게 뮤지컬 무대를 마무리했다. 그걸 바라보는 나도 기뻤다.

일 년 동안 아이들과 함께 울고 웃으며 교사로서 성장하는 시간을 보냈다. 뮤지컬 영화제를 준비하며 이전에 해 보지 못한 무대 꾸미기, 조명, 방송 장비 다루기 등을 해 보고 많이 배웠다. 동학년 선생님들과 함께하지 않았으면 해낼 수 없었을 것 같다. 학년에서 직접 행사를 기획하여 처음부터 끝까지 전부 우리들의 힘으로 만들어 내는 과정은 힘들기도 했지만 그만큼 성취감도 컸다.

다른 학교에서라면 학급에서 소규모로 하고 끝냈을 행사를 소담초등학교에 와서 크게 해 보며 좋은 기억들과 경험들이 쌓였다. 앞으로는 또 무슨 일을 하게 될지 너무나 궁금하고 설렌다.

시루에 수십 번 물을 부어야 콩나물이 자라듯이 새로운 경험들로 앞으로의 시간들을 채워 가다 보면 나름의 교육관을 가진 선생님이 되어 있지 않을까. 열심히 해야겠다.

5장

평생직장을 찾아서

소담살이 1년 차 양정열

새벽 恨詩

두통으로 잠이 오지 않는 어느 날,
새벽 한 시
희미한 기억 속 당신을 무심히 꺼내어 봅니다.

아무렇지 않을 줄 알았지만
생각하다 보니 당신이 그리워졌습니다.

가슴속 그리움을 비우고 나니
설움만 남아 눈에 고입니다.
설움의 무게를 견디지 못해서

나도 모르게 흘러내린 눈물은
기억해 달라는 당신의 바람인가요.
기억하기 싫은 내 아픈 상처인가요.

나이가 들수록 당신을 닮아 가는
당신의 아들인 야윈 아버지를 보며
나는 먼 미래의 내 모습을 봅니다.
당신을 추억합니다.

Hold Back The River

에세이를 쓰려다 보니 '왜 교사가 되었지?'라는 물음을 하게 되었다. 이유는 단순하다. 재수해서! 재수했는데 점수가 교대에 갈 정도의 점수였고 친척이 권해 주셨으니깐.

"아쉽지만 어쩔 수 있냐? 그래도 국립대니까 열심히 해 봐라."

고등학교 졸업식 날 담임선생님이 건넨 위로의 말이었다. 내 수능 성적은 당시 한국의 경제 상황처럼 바닥을 쳤고 내가 지원한 대학은 떨어졌다. 단 한 군데 별생각 없이 쓴 대학만 빼고. 당시는 대한민국 부도 위기의 상황에 온 나라가 힘들었고, 할머니께서 돌아가셔서 시골의 할아버지도 우리 집에 오셨기에 가정형편이 어려웠다. 그 상황에 큰아들까지 재수를 한다고 하면 부모님께 짐을 지우는 것 같아 갈 생각이 전혀 없었던 대학에 입학했다.

외톨이

봄 햇살이 따스한 기분 좋은 날이다. 스무 살 청춘들의 설렘과 웃음이 가득 찬 봄날의 캠퍼스. 다들 밝게 웃고 있는데 나는 그늘진 표정이다. 그들은 대학 교양서적을 보는데 나는 수학 정석을 본다. 공부하러 혼자 도서관에 가려는데 영화관에 가자고 말하는 친구의 말이 불편하다. 지금 내가 여기서 뭐 하나 싶다. 동기들의 눈엔 요새 말로 난 리얼 아웃사이더였지 싶다. 하지만 난 개의치 않았다. 마치 내가 『갈매기의 꿈』에 나오는 조나단이라 착각하며 동기들의 시선을 무시하려 노력했다. 이곳은 내가 있을 곳이 아니라는 생각만 들었다. 좋게 말하면 난 주관이 뚜렷하고 의지가 강하다고 할 수 있고, 나쁘게 말하면 고집이 센 독불장군에 융통성 없는 스타일인 것 같다. 집안 사정이 어렵다고 해도 대학생도 재수생도 아닌 채 사느니 실패하더라도 한 번 더 공부하기로 마음먹었다. 아니면 평생 후회할 것 같았다. 휴학을 할까 했지만, 갈 곳이 있으면 대충 할 것 같아 주위의 만류에도 불구하고 자퇴를 했다.

그날들

학원비로 부담을 드리기 싫어 집에서 재수를 시작했다. 가장 먼저 한 일은 헌책방에서 수험서를 사는 일이었다. 부모님 두 분이 출근하시고 고등학생인 동생이 등교하고 나면 집에는 손자와 거동이 불편한 할아버지 단둘만 남았다. 점심시간이다. 누워 있는 할아버지를 일으켜 세워 점심을 드린다. 농사일을 하시던 정정하실 때의 모습과 비교되는 앙상한 팔과 다리가 안쓰러웠다. 하지만 재수 스트레스 탓인지 몇 달 가지 않아 측은한 마음은 혼자서 걷지도 못해 날 힘들게 한다는 짜증으로 바뀌었다. 처음에는 할아버지가 6·25 때 겪으셨던 이야기도 물어보곤 했지만 이내 서로 말이 없어졌다. 재수생이라 이야기할 여유와 시간도 없었지만, 예민한 스무 살의 재수생과 도시 생활이 낯선 노인에겐 공통 화제가 없었다. 식사가 끝나면 심하게 삭힌 홍어 열 박스가 있는 듯 악취가 나는 작은 방에 다시 할아버지를 눕혀 드렸다.

생각이 나

또 귀찮은 점심시간이다. 삼양라면이 보인다. 한 개뿐이라 할아버지와 같이 먹으려면 나가서 사 와야 한다. 나가서 사 올까 생각했지만 추운 겨울, 나가기 귀찮다. 할아버지에겐 밥을 드리고 난 라면을 끓여 먹었다. 할아버지께선 드시고 싶으시지만 예민한 손자 눈치를 보느라 군침만 삼키시는 것 같다. 모른 척 라면을 다 먹고 국물만 남은 냄비를 설거지통에 넣으려 하는데 할아버지가 손짓을 하신다. 달라는 뜻인 듯하다.

"이거 드실 거야? 달라고?"

손톱만 한 면발과 다 식어 버린 국물임에도 금방 드신다. 다시 자리에 눕혀 드리고 공부를 시작했다. 한두 시간 지났을까? 작은 방에서 날 부르는 힘없는 할아버지 목소리. 가 보니 방에다 큰일을 보신 것이다. 할아버지는 늘 그래 왔듯 민망함과 부끄러움이 섞인 알 수 없는 표정의 어색한 웃음을 내게 짓는다. 그 표정이 왜 그리 미워 보이는지. 안 풀리던 문제로 인한 스트레스를 불쌍한 할아버지에게 풀었다.

"아, 진짜- 빨리 불렀어야지. 이게 뭐야."

성인용 기저귀를 귀찮아하셨던 할아버지였기에 방안 꼴은 더 엉망이었다. 더러워진 옷과 방바닥을 간단히 치우고 샤워기로 할아버지를 씻겨 드리며 있는 짜증을 다 냈다.

전하지 못한 진심

화장실에서 손자에게 발가벗겨진 채 겨울 나뭇가지처럼 가는 팔로 힘겹게 세면대를 잡고 서 있던 할아버지는 그때 무슨 생각을 하셨을까? 그 일이 있은 뒤 몇 달 후 아침. 음력 이월 어느 날에 할아버지는 우리 집 작은 방에서 세상을 떠나셨다. 머리맡에 놓아 둔 오렌지 주스까지 다 드신 채. 다신 깰 수 없는 잠이 드신 채로. 너무 갑작스러워서였을까? 너무 죄송해서였을까? 울음이 나오지 않았다. 친척들은 모두 호상이라 했다. 자다가 돌아가셨고 살 만큼 살다 가셨으니. 다들 나보고 재수하면서 혼자 할아버지를 모시느라 고생했다고 효손이라 말했다.

할아버지도 자신의 죽음을 호상이라 생각하시고 날 좋은 손자라 생각해 주셨을까? 그날 할아버지가 지었던 의미를 알 수 없는 민망함과 부끄러움이 섞인 어색하고 흐릿한 웃음. 내가 상처 주었던 짜증 섞인 말과 행동, 그리고 그때의 상황들이 몇십 년이 흐른 지금, 잠이 안 와 글을 쓰고 있는 이 순간에도 생각이 난다. 할아버지 정말 미안해.

어쨌든 난 그해 수능을 보았고 점수도 나쁘지 않았다. 가족들은 모두 치의예과를 가길 원했고 나도 딱히 하고 싶은 게 없기에 그러려 했다. 하지만 치의예과를 가기엔 오 점인가 부족했다. 세 문제만 더 맞았어도 하는 아쉬움에 어딜 써야 할지 고민하다 작은아버지의 권유에 별생각 없이 교대를 썼고, 합격했다. 난 욕심을 버리고 별생각 없이 원하는 것만 얻을 수 있는 걸까?

새벽 恨詩

양정열

두통으로 잠이 오지 않는 어느 날,
새벽 한 시
희미한 기억 속 당신을 무심히 꺼내어 봅니다.

아무렇지 않을 줄 알았지만
생각하다 보니 당신이 그리워졌습니다.

가슴속 그리움을 비우고 나니
설움만 남아 눈에 고입니다.

설움의 무게를 견디지 못해서
나도 모르게 흘러내린 눈물은
기억해 달라는 당신의 바람인가요.
기억하기 싫은 내 아픈 상처인가요.

나이가 들수록 당신을 닮아 가는
당신의 아들인 야윈 아버지를 보며
나는 먼 미래의 내 모습을 봅니다.
당신을 추억합니다.

니가 진짜로 원하는 게 뭐야?

별생각 없이 대학생 생활을 했다. 통기타 동아리에 들어가서 공연 연습을 하다 날 새우고 술 먹고, 동아리 방에서 자다 모기 밥이 되기도 하고, 다양한 경험이 나를 성장시킨다는 생각으로 막노동부터 개인 과외, 대중목욕탕 등 이런저런 아르바이트를 했다. 4학년이 되어 임용고시를 볼 때 난 경기도에 가고 싶었다. 지금 교대생들은 상상할 수 없겠지만 당시만 해도 경기도는 미달이라 과락만 면하면 합격할 수 있었기 때문이다. 대학생 때의 나는 재수의 한을 풀기 위해 열심히 놀았고, 학군단이라 임용고시에 떨어지면 재수도 못하고 군대에 가야 하는 상황이었다. 내 학점은 다소 부진한 타자의 타율 정도였기에 내 나름엔 합리적인 결정이라 생각했다. 그런데 추석 날 막내 작은아버지께서 큰집인 우리 집에 오셔서 말씀하셨다.

"무슨 경기도야? 가족과 친척 모두 광주에 있는데 떨어지면 몇 명이나 떨어진다고 그냥 광주 써라."

부모님도 장손을 타지로 보내는 것이 마음에 걸렸는지 나를 설득하셨고, 또 난 별생각 없이 알았다고 했다.

LAGRIMA

임용고시 당일. 꿈을 꾸었는데 내가 높은 나무에 힘겹게 매달려 있는 꿈이었다. 힘이 빠져 이대로 떨어져 죽나 싶을 때 막내 작은아버지께서 오시더니 손을 내미는 것이다. 당연히 난 손을 뻗어 잡았는데 잡은 내 손을 작은아버지께서 놓는 것이 아닌가?

난 떨어졌고 너무 놀라 잠을 깼다. 괜히 기분이 불편해서 아침을 준비하고 있던 어머니께 물었다. 흉몽을 꾸었다고. 어머니는 아들을 위로하기 위해 말씀하셨다.

"꿈은 반대랍니다. 괜히 신경 쓰지 말고 시험 봐. 넌 합격할 거야."

일차 시험을 보는데 공부는 별로 안 했지만 생각보다 쉬웠다.

'이 정도면 합격하겠네.'

그래서 애매하게 모르는 것은 빈칸으로 두었다. 부분 점수 따위 없어도 합격할 수 있다는 오만함이었다.

다행히 일차는 합격. 이차 면접과 논술까지 무사히 보고 합격자 발표 날이 왔다. 우리 집에는 컴퓨터가 없어서 아침 일찍 피시방에 가서 기다렸다. 합격자 명단을 클릭하고 기다리는 그 몇 초가 어찌나 길게 느껴지던지. 확인을 해 보니 내 이름이 없었다. 두 번 세 번을 봐도 내 이름은 없었다.

꿈이 반대라더니 불행히도 내가 꾼 꿈은 예지몽이었다.

필승

결과를 확인하고 일하고 있는 엄마에게 전화를 걸었다.

"아들, 어떻게 합격했어?"

풀이 죽은 목소리로 답했다.

"몰라. 떨어졌어."

"에이, 거짓말. 합격했지?"

현실을 받아들이지 못하는 엄마의 반응이었다.

"진짜 떨어졌어. 떨어졌다고!"

짜증을 내며 말했다. 그다음은 어떻게 전화를 끊었는지 기억이 나지 않는다. 아마도 엄마는 힘겹게 위로를 전했을 것이다. 그렇게 나는 또 재수를 해야 했고, 불효도 했다. 그런데 군대를 미룰 수가 없었다. 졸업식 날. 부모님께서 못난 아들 졸업식이라고 휴가를 냈다고 하셔서 어쩔 수 없이 졸업식에 갔다. 내가 강당에 들어가자 같은 과 동기들이 내년에 발령받을 광주 학교에 대해 이야기하다 말고 멈춘다.

"정열아, 괜찮아? 발표 날 연락하려다가 못 했다."

피아노실에서 음감이 없던 나에게 시창을 알려 주느라 고생했던 동기가 용기를 내서 내게 위로의 말을 한다. 애써 웃어 보이며 동기들에게 늦은 합격 축하의 말을 건넸다. 가족과 친척들, 대학 동기들과 동아리 후배들도 모두 내 눈치를 보았다. 그들이 위로의 말조차도 건네기 미안하게 만들었다. 진심으로 동기들을 축하해 주지 못하는 내가 한심했고, 모든 게 내 탓인 것만 같았다.

자대 배치를 받았는데 복무할 곳은 대한민국에서 가장 춥다는 철원이었다. 힘든 일은 꼭 몰려서 온다.

"필승! 소위 양정열. 육 사단 신병교육대대 근무를 명 받았습니다."

따뜻한 남쪽에서 살다가 철원이라니. 철원은 한겨울에는 눈이 무릎 높이까지 쌓인다. 그렇게 눈이 오면 두루미랑 독수리가 까치랑 까마귀와 함께 밭에서 먹이를 찾아 먹기도 한다. 가끔씩은 멧돼지도 볼 수 있다. 그리고 식판을 닦다 가죽 장갑에 튄 물 한 방울이 오 초 만에 하얗게 얼어 버리는 겨울 왕국이다.

Que Sera, Sera

군 생활을 마치고 나서 임용고시를 준비할까 하다가 떨어지더라도 한 글자라도 더 보는 게 나을 것 같아 시험을 준비했다. 대학도 재수했는데, 임용고시도 재수라니. 집에서 혼자 할 때에도 힘들었는데 이젠 군에서 해야 하다니.

하지만 첫해는 군 생활도 적응 안 되어 힘든 시기라 많은 공부를 하지 못했다. 그리고 경기도 정도는 과락만 면하면 붙을 거라는 근거 없는 자신감도 한몫했다. 과락만 면하면 된다고 알고 있었는데 원서를 쓰려고 확인해 보니 생각보다 경쟁률이 높았다. 시험 볼 날이 다가오니 괜히 긴장되었다. 내가 공부를 한다고 하지만 하루 종일 임용고사 공부를 하는 현재 4학년들과 경쟁하는 상황이다.

눈 오는 날 칼바람 맞으며 영점 사격장에서 K2 소총 소리를 들으며 자투리 시간에 수첩으로 공부한 내가 과연 상대가 될까? 미래에 대한 암담함 혹은 절박함. 공부할 수 있을 때 잘할걸. 때로는 돌아서도 가봐야 도착한 곳이 반갑고 감사하게 느껴지기도 한다지만 피곤한 몸보다 불안한 마음이 힘든 날들이었다.

시험 기간이 다가오자 광주로 시험을 볼까 했다. 작년에 근소한 점수 차로 떨어졌으니까. 철원에서 광주를 가려면 비행기를 타지 않는 한 일곱 시간, 왕복 열네 시간이다. 이동 시간이 너무 길었다. 그래서 경기도를 보겠다고 마음먹었다.

지금 생각하면 웃기는 소리지만. 문제는 거리가 아니라 내 실력이었다. 아름답게 피어오르리. 꽃 중의 꽃, 자기 합리화.

겁

난 숙소 예약을 못하고 임용고시 전날 경기도로 갔다. 잘 기억나지 않지만 시험 보는 날 부대에 중요한 일이 있어 2박 3일 휴가는 꿈도 못 꾸고 시험을 볼 수 있을지조차 불투명했었던 걸로 기억한다. 어찌되었든 부대의 배려로 휴가가 아닌 외박을 내고 시험 보러 갔다.

개인화기 훈련을 끝내고 오후 여섯 시쯤 위병소를 나설 땐 보통 휴가나 외박을 받아 위병소를 나서면 부러워하는 병사들의 시선을 즐기며 나서지만 그날은 마음만 급하고 초조했다. 서울에 도착해 시험 장소로 가는 지하철을 타니 낯익은 교육학 책을 보고 앉아 있는 여자 수험생이 보였다. 모든 게 낯선 상황에서 그나마 낯익은 수험서를 보고 있는 게 반가워 그 앞으로 갔다. 여러 가지 색깔의 형광펜으로 깔끔하게 정리된 수험서. 마치 내게 '경기도를 본다고? 이만큼 공부했어?'라고 말하는 것 같아 나도 모르게 주눅이 들었다.

그 친구는 의도했든 의도하지 않았든 경쟁자 기선 제압에 성공했다. 하긴 몇 시간 전까지 철원의 영점 사격장에서 훈련병이 잃어버린 탄피를 찾느라 덜덜 떨고 있었던 군인이었다는 걸 알면 경쟁자로 생각도 하지 않았겠지만. 역에 도착하자 딱 봐도 교대생으로 보이는 사람들이 어디서 그렇게 많이 쏟아져 나오던지. 경쟁자들이 이렇게도 많구나. 내 미래가 걱정되었다.

그 많던 수험생들이 하나둘씩 인파에 묻혀 자신이 묵을 숙소를 찾아 사라진다. 난 멍하니 그들의 뒷모습을 보고 서 있었다. 내가 아는 건 시험 장소와 시간 그리고 수험번호. 한겨울 낯선 도시에서 오늘 잘 곳이 정해지지 않았다는 사실뿐이었다.

거짓말 거짓말 거짓말

도착해서 차분히 쉬며 컨디션 조절을 해도 모자랄 판에 단 한 번도 와 보지 못한 낯선 도시에서 하룻밤 잘 곳을 찾아 헤매야 했다. 숙소를 구하러 돌아다녔지만 시험 장소와 가까운 숙박업소는 모두 예약 완료. 임용고시는 보통 토요일에 시험을 본다. 그날은 금요일인 데다 전국에서 수험생들이 몰렸을 테니 당연한 결과다. 시험 장소 부근의 모텔과 고시원은 포기하고 이십 분 정도 떨어져 있는 곳을 돌아다니며 "안녕하세요? 혹시 빈방 있어요?"라는 말을 몇 번이나 했는지 모른다. 찬바람이 부는 날이라 몸도 추웠고, 아는 이 하나 없는 낯선 도시에서 잘 곳도 구하지 못했다는 불안감에 마음도 얼어 버릴 것 같은 하루였다.

결론은 일차에서 낙방했다. 이차까지 보고 떨어진 거보다 낫다고, 휴가를 삼 일이나 아꼈다고 애써 나를 위로했지만 전혀 위로가 되지 않았다. 과락만 안 한다면 무혈입성하는 경기도가 아니었다. 우물 안의 개구리. 일 년 만에 이렇게 상황이 바뀔 줄 몰랐다. 왜 난 남들처럼 쉽게 가지 못하는 걸까? 박근혜 전 대통령이 써서 유명해진 자괴감이란 단어. 자괴감의 뜻은 이렇다. 자신의 무능함이나 한심함 때문에 생기는 부끄러운 감정! 이 단어는 박 전 대통령이 당시에 처한 상황에서 쓰기 위해 생긴 단어가 아니라 당시 내 감정을 설명하기 위해 생겨났을 것이다.

민물장어의 꿈

다음 해 나는 마음을 다잡고 정말 열심히 공부했다. 군에서는 당직 근무를 선다. 오후 여섯 시부터 다음 날 아침 일곱 시까지 날을 새우는 근무가 당직 근무이다. 당직 근무를 서면 아침을 먹고 일곱 시부터 낮 열두 시까지 잔 다음 점심을 먹고 다시 부대에 가서 일하는데, 난 열 시까지만 자고 일어나 임용고시 공부를 했다. 당직 근무 날이 겹쳐 세 시간만 자고 일어나 공부하는 내 모습을 보더니, 지금은 마산에서 떡집을 하고 있는 룸메이트가 나한테 이런 말을 했다. 다이내믹한 특유의 마산 사투리로.

"니 진짜 독한 놈이네. 니 이렇게 공부해도 떨어지는 어려운 시험이가?"

난 일 년 동안 들은 마산 사투리를 어설프게 흉내 내며 답했다.

"아니, 진짜 쉬운 시험인데 내 노느라 떨어졌다. 삼십 명 있는 우리 과에서 세 명 떨어졌는데 그중 내가 한 명이다."

"진짜가?"

주경야독, 형설지공이란 사자성어가 어울릴 만한 생활이었다. 아마 대학교에서 이렇게 공부를 했다면 광주에서 수석을 했을지도 모르겠다.

훈련병 주간 행군 인솔을 마치고 간부 연구실에서 교육과정 책을 보고 있었다. 평소에도 그런 모습을 싫어했던 중대장이 들어오더니 한 마디 한다.

"양정열! 넌 군대 공부하러 왔어? 너 앞으로 내 눈앞에서 책만 봐. 내가 그 책 찢어 버릴 테니깐."

"죄송합니다. 앞으로는 가져오지 않겠습니다."

병사들과 부소대장들 앞에서 소대장 체면이 말이 아니다. 물론 내가 중대장이었다 하더라도 내 모습은 2년 4개월 동안 군대에서 아르바이트하듯이 돈 벌고, 군대 일은 대충 하고 취업 준비만 하려는 이기적인 소대장으로 보였을 것이다. 중대장 말대로 난 나라를 지키러 왔지, 임용고시 공부를 하러 온 것이 아니니까.

하지만 내 부하들도 있는데 꼭 그렇게 말해야 했을까? 그 책 찢어 버릴 테니깐.

Love Yourself

상명하복의 군대에서는 상사에게 찍히면 답이 없다. 불행히 중대장에게 미운털이 박힌 나는 자유 시간에는 부대에서는 공부를 맘 편히 하지 못하게 되었다. 퇴근하고 간부 숙소에 갔을 때만 공부를 할 수 있었다. 그런데 그날 이후로 사사건건 나를 비꼬거나 한심하다는 듯이 말하며 알게 모르게 스트레스를 주었다. 난 현실과 타협하기로 했다. 이런 상황에서 계속 주제도 모르고 고집만 부릴 때가 아닌 것 같았다. 시간이 흐른다면 경기도처럼 전남도 힘들어질 것이고 운이 없다면 난 평생 백수가 될지도 모른다는 생각이 들었다. 경기도를 다시 한 번 더 볼까? 눈을 낮춰 합격이 나름 확실한 전남을 볼까? 고민하고 있었는데 사대 체육과를 나온 옆 중대 동기가 나한테 그랬다.

"행복한 고민이네. 난 누가 선생님만 시켜 준다면 섬에서 평생 살아도 좋겠다."

전남을 쓰기로 했다. 이제 왕복 열네 시간은 내겐 전혀 문제가 되지 않았다. 이번엔 2박 3일 휴가를 받았기 때문이다. 군대 용어로 중대에서 짬이 되는 소대장이다 보니 부소대장들을 설득해 휴가를 내는 데큰 어려움이 없었다. 부족하지만 나름 공부도 열심히 했다.

광주에는 언제든 찾아가 맘 편히 잘 수 있는 우리 집이 있었고, 못난 아들이지만 나를 무조건 지지해 주는 가족이 있었다. 홈그라운드의 이점이 무엇인지, 내게 가족이라는 울타리가 얼마나 큰 힘인지 머나먼 철원에 떨어져 고생해 보니 절실히 느꼈다.

어쨌든 전남은 무난히 합격했다. 그렇게 난 부대에서 임용고시를 합격하고 교사가 되었다. 축하하는 회식 자리에서 중대장이 농담으로 말했다.

"야, 내가 배려해 줘서 군대에서도 임용고시 합격했잖아. 넌 행운인 줄 알아."

'행운이지요. 당신을 만나서 준비 없이 삶을 살다가는 얼마나 큰 희생을 치러야 하는지 뼈저리게 느꼈으니까요.' 말하고 싶었지만 참았다.

Master Of Puppets

전남의 한 초등학교에서 첫 근무를 시작했다. 2006년 9월 1일. 6학년 담임으로 중간 발령. 지금 생각해 보면 이해할 수 없었던 기억들을 꺼내 보려 한다. 나를 키운 것은 팔 할이 바람이라는 시가 있듯이, 지금 교사로서의 나를 만든 것은, 팔 할이 아닌 구 할이 전남일 것이다. 많은 좋은 선생님들을 만났고, 그분들을 통해 많은 것들을 보고 느꼈고 배웠다. 그런 의미에서 아래 글은 절대 전남 교육을 폄하하기 위함이 아님을 미리 밝힌다. 다른 지역 교사들과 이야기했을 때 공통되는 부분들이기에 전남뿐만 아니라 대한민국 교육의 공통 문제라고 생각했던 부분을 말하고자 한다.

부장 회식이 있는 날이면 꼭 교무부장은 자신의 차에 교장 선생님을 모시고 회식 자리에 도착했다. 동방예의지국이라 그런 줄 알았는데 승진을 하려면 교장 선생님에게 평정을 잘 받아야 하니 알아서 모시는 거라고 다른 부장님이 일러 주셨다. 중대장에게 찍혀 고생했던 군 생활이 떠올랐다. 군대나 학교나 사회는 비슷하구나.

회의에 참석하면 교무, 교감, 교장 선생님께 결재를 받은 내부 결재 문서를 나눠 준다. 그리고 그 문서를 바탕으로 어떻게 행사를 할 것인지 다른 학년 부장들에게 설명한다. 그러면 다른 부장들은 이미 결재가 난 사항이기에 별다른 의견 없이 받아 적고, 그것을 학년으로 돌아가 전달한다. 그 업무를 담당한 부장과 교무, 교감, 교장 선생님. 이 네 사람의 의견으로 학교가 운영이 되는 것이다.

또 한 번은 특정 안건에 대해 부장들끼리 모여 치열하게 토론을 하고 내린 결론을 교무부장이 들고 갔는데, 교장 선생님의 말씀에 손바닥 뒤집듯이 결론이 바뀐 적도 있다. 하지만 아무도 따지질 않는다. 효율적이라고 할 수는 있지만 민주적이라고 할 수 없다. 그렇게 위에서 지시한 사항을 그대로 따라 하는 것에 익숙한 교사들이기에 학급에 돌아가서도 학급을 절대 군주처럼 운영한다. 국가의 주권이 군주 한 사람에게 있는 나라처럼 교사 한 사람이 모든 권력을 가지고 학급을 운영하는 것이다. 학생들에게 대한민국은 민주공화국이라고, 국민은 국가의 주인이라고 가르치면서, 학급에서 군주국가의 절대 군주처럼 군림하는 것이다. 이런 학교 분위기에서 교사들이 과연 학생들을 민주시민으로 길러 낼 수 있을까? 그때에는 그런 고민을 했었다.

What A Wonderful World

그런데 세상이 변했다. 내 고민도 바뀌었다. 지금은 교실에서 난동을 부리는 학생의 손목을 잡고 끌어내는 것도 아동학대가 되어 버린 현실이니까 말이다. 수업 중 자신을 절제하지 못해 소란을 피우고 교실을 뛰어나가는 아이가 있다고 한다. 다른 사람에게 피해를 주는 학생을 교실 안에서 통제하지 못하고, 뛰어나가는 학생을 쫓아가서 좋은 말로 타이르는 것밖에 할 것이 없는 교사, 학부모의 민원이 무서워 학부모를 만나는 것이 두렵다는 신규 교사가 바른 인성을 가진 학생을 길러 낼 수 있을까?

문제 학생들 혹은 기가 센 학부모들을 견디지 못하고 도망치듯 휴직을 신청하는 후배 교사들도 있었다. 이들을 생활지도도 못하는 혹은 학부모에 휘둘리는 무능한 교사라 치부하고 무시할 것인가? 이것은 개인의 문제일 수 있지만, 학교문화 혹은 시스템의 문제도 있다고 생각한다.

현재 학교의 문제점을 개선하기 위해 존재하는 것이 혁신학교라면 문제 학생에 대한 대처나 부당한 학부모의 민원에 흔들리지 않고 학급을 운영할 수 있는 방안에 대해서 교육청 및 교육부에 개선안을 제안해야 하지 않을까? 내가 알고 있는 혁신은 잘못된 것, 부패한 것, 만족스럽지 못한 것을 개선하거나 고치는 것이니까. 물론 현실적으로 어렵더라도 그것을 꿈꾸는 것이 혁신학교 아닐까?

교사가 학생들을 바르게 지도할 수 있게 하려면 먼저 자신의 교육 철학을 펼칠 수 있도록 올바른 학교문화와 시스템을 정착시키는 것이 기본이라고 생각한다. 혁신하기 위해서는 기본이 바탕이 된 후 그 기본을 무너뜨리는 파격을 통해 자기만의 스타일을 완성해야 하니까. 기본이 없는 화가가 피카소의 큐비즘 그림을 흉내 낸다면 누가 그를 인정하겠는가?

피카소가 열여섯 살쯤에 그린 「늙은 어부의 초상」이라는 그림을 포털 사이트에서 검색해 보라. 바다에 나가 고기를 잡아야 할 늙은 어부는 두 손을 무릎 밑으로 넣고 앉아 있다. 또 두 눈은 힘없이 먼 곳을 바라보고 있다. 이마의 깊은 주름살과 낡은 흰 옷이 어우러진 노인은 슬퍼 보인다. 조업을 마치고 쉬고 있는 모습이라기보다는 아들을 바다에서 잃고 돌아온 사연이 있는 것 같다. 도대체 그에게 무슨 일이 있었던 걸까? 개인적으로는 많은 생각을 하게 하는 걸작이라 생각한다. 이런 걸작을 열여섯 살에 그렸다니. 피카소는 어린 나이에 기본이 제대로 갖춰진 천재였다. 그렇기에 언뜻 보면 유치원생이 그린 듯한 큐비즘이라는 피카소의 혁신을 세상은 인정하고 존중하는 것이다. 우리는 기본을 제대로 갖추지 못하고 혁신을 흉내만 내고 있지는 않은지 생각해 봐야 하지 않을까? 정말 중요한 것은 눈에 보이지 않으니까 말이다.

Somewhere Over the Rainbow

혁신학교에서 일 년 동안 지내 보니 좋은 점이 훨씬 많지만, 아쉬운 점이 있다. 회의에 따른 피로감. 모두가 참여해서 다양한 의견을 수렴해 조직을 이끌어 간다는 것은 바람직하다. 하지만 많은 사람들이 모여 의사결정을 하기란 어렵다. 서로 중요하게 생각하는 가치가 모두 다르기 때문이다.

누군가는 중심을 잡고 다양한 의견을 경청하고, 필연적으로 발생할 수밖에 없는 갈등을 조정해야 한다. 그리고 만약 잘못된 방향으로 가면 바람직한 방향으로 생각할 수 있도록 설득도 해야 할 것이다. 그것이 학교에서는 관리자, 학급에서는 담임의 역할이다. 일반 학교의 회의가 수학 과목을 교사 중심으로 설명하는 주입식 교육이라면, 혁신학교의 회의는 사회의 쟁점 문제를 가지고 학생 중심의 토론 수업을 하는 것 같다는 생각을 한다. 학생 중심의 토론 수업이라고 해서 특별히 할 일이 없는 편한 수업이라 생각할지 모른다. 하지만 내 생각은 다르다.

'학급 대의원들이 알아서 진행하겠지. 서로의 의견을 나누고 결정하는 게 토론이지.'

이런 생각에는 동의하지 않는다. 준비가 안 된 토론 수업은 활동만 있지 배움은 없기 때문이다. 만약 그런 생각으로 토론을 지켜보기만 하면 배가 산으로 간다. 대부분의 구성원들은 의제에 대해서 별생각이 없다. 어쩌면 미리 의제를 알려 주지 않아서일지도 모른다. 그러면 몇몇 구성원이 주도적으로 토론을 이끌어 가게 되고, 다른 구성원들은 소외감을 느낄 것이다.

토론 전에는 구성원들 중 성취 수준이 낮거나 의욕이 없는 구성원을 위해 보충 자료를 준비하고, 참여를 독려해야 한다. 토론 중에는 끊임없이 구성원들의 토론 과정을 주시하고 있다가 주제와 관련이 없거나 타당한 근거 없이 목소리만 큰 구성원은 적당히 자제를 시켜야 하는 조정자의 역할도 수행해야 한다.

구성원들이 어떤 주장을 할지 모른다. 찬성 측과 반대 측의 예상 주장과 근거를 더 정확히 알고 있어야 한다. 만약 서로의 주장만 제시하기만 하고 토론이 끝날 줄 모른다면 구성원들은 결론이 나지 않는 토론에 회의감과 피로감을 느낄 것이다. 그럴 때는 적절히 개입해서 그들이 수긍할 만한 적절한 근거를 바탕으로 설득하고 합리적인 결론을 이끌어 내도록 유도하는 관리자의 역할도 수행해야 한다. 예전처럼 권위만으로 쉽게 설득당하지 않기 때문이다.

그래서 제대로 수업을 하고자 한다면 수학 수업보다 토론 수업이 훨씬 힘들다. 그렇기에 혁신학교의 구성원들은 더 많은 준비와 노력이 필요하다. 그리고 가장 중요한 점은 구성원들의 성숙도일 것이다. 구성원들은 의제에 대해 치열하게 근거를 준비하고 자신의 의견을 주장해야 한다. 또 다른 사람의 의견을 진심으로 존중할 줄 알고 내 의견과 다르다고 해서 틀렸다고 비난하면 안 될 것이다. 그리고 협의를 통해 결정된 결론이 비록 내 뜻과 다르더라도 받아들이고 실천하는 겸허함도 필요하다. 악법도 법이라며 독배를 마신 소크라테스처럼. 어폐가 있지만, 꽃과 열매를 겸비한 사람이 되어야 하는 것 같다. 나도 어려워서 노력하고 있는 부분이다.

YES or YES

수요일 세 시가 되면 어김없이 전 교직원이 강당에 모여 배구 연수를 한다. 선택할 수 있는 것은 배구뿐이었다.

"양 선생, 배구 잘해?"

당시 난 이십 대 젊은 총각이다. 당연히 잘할 것이라 기대하는 눈빛.

"아뇨, 잘 못합니다."

배구는 대학 다닐 때 한 달 정도 배워 본 게 전부라서 실력이 미천하다. 괜히 선생님들 앞에서 부족한 모습을 보여 주고 싶지 않았지만 열외는 상상할 수 없다. 게다가 지면 큰일 날 것 같은 살벌한 분위기. 여 선생님의 서브도 제대로 받지 못하는 내 실력을 파악하고 상대 팀에서 내게 연신 목적타 서브를 보낸다.

이거 친목 배구 맞나? 들리는 소문에 교육초는 옆 학교의 배구 잘하는 선생님을 모셔 왔다고 했다. 수업을 잘하거나 업무를 잘 처리하는 교사보다 스파이크를 시원하게 날리는 교사가 되기로 하고 배구 클럽에 등록했다. 초등학교에서는 배구를 잘하는 사람이 더 인정받았기 때문에.

소담초에 오니 어떤 연수를 듣고 싶은지 추천을 받는다. 이제 배구가 익숙해져서 배구를 즐길 수 있는 정도가 되었는데 매주 모여서 배구도 하지 않는다. 다만 교사들이 자발적으로 조직한 배드민턴 동호회를 매주 금요일마다 한다. 참석도 불참도 자유다. 이곳에서는 선택할 수 있구나. 덕분에 난생처음 유화라는 것을 배우기도 했다. 그리고 부족하지만 그 그림은 우리 집 실내 인테리어의 한 부분을 담당하고 있

유화 연수

다. 다만 유화를 배우는 기간이 너무 짧아서 아쉬웠다. 다음에 또 기회가 있다면 연수 과정 수를 줄이고 좀 더 심화해서 배우면 좋을 것 같다.

The Show Must Go On

수업을 한다. 어제 선생님들과 회식을 새벽 두 시까지 하느라 머리도 아프고 속도 뒤집어질 것 같다. 주는 술 마다하지 않고 젊은 패기로 끝까지 남았다. 앞에서 설명하고 있지만 내가 무슨 말을 하는지도 모르겠다. 갑자기 교실로 전화가 온다. 교무부장 선생님이다.

"양 선생, 세 시까지 국회의원 요구 자료 공문, 알지?"

'아, 망했다.' 아이들은 따분하고 지루한 수업이 견디기 힘든 차에 담임이 통화하느라 정신이 없자 떠들기 시작한다.

"너희 수업 태도가 이게 뭐야? 이 상태로 도저히 수업 못하겠다. 너희 조용히 이십 쪽까지 문제 풀어. 반장, 떠든 사람 적어!"

난 자기주도적 학습 능력을 길러 주기 위해 자습을 시켰다. 수업은 잘하는지 못하는지 알 수가 없기에 적당히 해도 혼나지 않지만, 공문은 조금만 잘못하거나 기한을 넘기면 교무실에서 전화가 온다. 난 학교라는 조직에서 살아남기 위해 학생들과 수업 대신 공문 처리를 택했다. 내 주변의 다른 선생님들 모두 그렇게 사셨기에 그것이 맞는 것인 줄 알았다. 어쩔 수 없었다고 하기엔 돌이켜 생각해 보면 초임 시절 사 년 정도는 제자들에게 많은 죄를 지었던 것 같다.

가장 큰 문제는 그때는 그것이 잘못인지도 몰랐다는 점. 당시 선배님들께서는 술 잘 마시는 교사가 학교생활도 잘한다고 말씀하셨다. 공문 처리가 수업보다 우선이라고 하셨다. 애들 수업은 대충 하라고 하신다. 지금 수업 이런 거 신경 쓰지 말고 적당한 초등 교사 만나서 결혼할 궁리를 하라고 하셨다. 선배님, 그 거짓말 진짜예요?

Imagine

이곳 소담초에 왔을 때 가장 충격적이었던 말이 있다. 업무지원팀 다섯 명이서 학교 업무를 다 하고 담임은 학생들과 관련된 담임 업무만 한다는 말이었다. 말도 안 된다고 생각했다. 그건 이상일 뿐이라고, 현실적으로 불가능하다고, 학교의 일을 대충 할 것 아니라면 다섯 명을 과로사하게 만드는 거라고. 로마에서는 로마법을 따르라 했다. 업무가 없으니 수업 준비를 하고 아이들에게만 집중할 수 있었다. 선생님 덕분에 조선의 역사가 재미있다는 것을 알게 되었다고 꿈을 역사 교수로 바꾼 아이도 있었고, 아이가 남자 선생님을 싫어했는데 선생님 덕분에 남자에 대한 부정적인 생각이 많이 없어진 것 같다고 말씀하시는 학부모님도 있었다. 무용을 가르치는 마을교사 선생님이 말씀하신다.

"가람반은 정말 말을 잘 듣네. 어떻게 이렇게 잘하니?"

아이들이 대답했다.

"선생님이 잘 가르쳐 주셔서 그래요."

"맞아요."

나에게 잘 보이려고 한 빈말이라 할지라도 뿌듯했다.

6학년 국어 교과에 시를 이야기로 바꾸는 단원이 있다. 교과서의 텍스트를 활용해서 수업을 하는 것도 좋겠지만, 내 경험을 바탕으로 쓴 글이 있으니 이것을 시로 바꾸어 써서 수업을 하면 어떨까 하는 생각이 들었다. 그래서 담임선생님이 직접 쓴 이야기와 시로 우리 반에서 수업을 해 보기로 마음먹었다. 내 글을 나눠 주기 전까지는 6학년 2학기 마지막 단원이다 보니 졸업을 앞둔 아이들의 수업 태도는 다소 산만했다.

"이거 선생님이 직접 쓴 시와 이야기야. 한 번 읽어 봐."

쑥스럽지만 아이들에게 나눠 주었다. 이내 교실이 조용해진다. 다소 슬픈 내용이고 담임선생님이 직접 썼기 때문일 것이다. 아이들이 다 읽자 궁금한 점을 질문하게 했다. 문단에 등단한 베스트셀러 작가는 아니지만 아이들의 관심은 대단했다.

"선생님, 왜 재수를 하게 되었어요?"

"정말 홍어 열 박스 냄새가 났어요?"

아이들의 질문에 답을 해 주며 시를 이야기로 바꾸어 쓸 때의 유의점을 알려 주는데, 내가 고민해서 쓴 이야기와 시여서 생동감 있는 수업이 진행되었다. 내가 그랬듯이 아이들도 진지하게 임해서 자신의 경험을 떠올려 시를 쓰고 이야기로 바꿨다. 또한 내가 그랬던 것처럼, 자신의 경험을 소재로 쓴 이야기와 시를 친구들 앞에서 발표하며 자신이 감추고 싶은 부끄러운 경험들도 공유했다. 이번 국어 시간에 아이들은 도깨비에 홀린 것처럼 정말 진지하게 참여하였다.

감정의 정화를 느끼고 이를 솔직하게 표현하고 친구들과 공유하는 모습이 보기 좋았다. 이야기가 좋아서, 이야기가 좋지 않아서, 이야기가 적당해서. 모든 이야기가 좋았다. 가장 좋은 수업 자료는 바로 교사 자신이고 이를 활용해 교육과정을 재구성하는 것이 효과적이란 것을 느끼게 되었다. 교과서의 텍스트가 아닌 담임이 직접 쓴 시와 이야기로 공부한다니 이전 학교에서는 상상도 할 수 없던 꿈같은 이야기이다. 일 학기에 조금씩 교육과정 재구성을 고민하고 실천해 보았기에 가능했다. 이게 진정한 교육과정의 재구성 아닐까?

야생화

교감 선생님께서 2학기에 정보부장을 맡아 줄 수 없느냐고 제안을 하셨다. 알겠다고 말씀드렸다. 다시 이전 학교 시스템으로 살게 된 것이다. 담임도 하면서 업무지원팀의 일원이 된 것이다.

내가 업무에 신경을 쓰면 당연히 스트레스를 받는다. 그러면 수업과 아이들에게 집중할 수 없고 예민해진다. 조금만 신경이 거슬리는 행동을 하면 아이들에게 짜증을 내고 싶어진다. 아이들은 자신의 감정조차 통제 못하는 담임을 신뢰할까? 그런 모습을 보고 무엇을 배울 수 있을까? 갑자기 컴퓨터가 안 된다고 도와 달라고 전화가 오면 우리 반 애들에게 말한다.

"선생님, 잠깐 다녀올 테니까 문제 풀고 있어."

예전에는 잘못하고 있는 줄도 몰랐는데 이곳에서 무엇이 더 중요한지 알게 되었다. 다른 반은 담임선생님들이 아이들만 보고 있을 텐데, 정보부장 한다고 우리 반 아이들을 소년 소녀 가장으로 만든 것 같았다. 아이들에게 죄를 짓고 있다는 마음이 나를 불편하게 했다.

동료 교사가 그랬다. 업무지원팀을 하고서 표정이 바뀌었다고. 분명히 이전 학교보다 일을 적게 하고 있는데 왜 그렇지? 상대적 박탈감과 무엇이 더 중요한지 알아 버렸기 때문일 것이다. 어둠이 있어야 빛의 소중함을 알듯이. 빛과 소금 같은 업무지원팀의 희생에 경의를 표한다.

그 어려운 일을 소담초 업무지원팀이라는 시스템이 뒷받침하고 있다. 그런데 실제로 한 학기 동안 업무지원팀을 해 보니 지원팀의 숫자가 조금 더 많았으면 하는 바람이 있다. 다섯 명이서 모든 일을 감당하기에는 업무의 양이 많은 것 같다.

담임교사들은 그들의 노력이 헛되지 않게 최선을 다해 수업을 준비하고 아이들을 돌보아야 한다. 그래서 혁신학교가 성공해야 하며 이러한 학교문화가 정착되어야 대한민국 교육의 미래가 밝을 것이라고 생각하게 되었다.

업무가 없는 학교에서 편하게 있다 간다고 생각하고 주어진 여유를 자신의 이익만을 위해서 사용하는 일은 없어야 할 것이다. 물론 모두를 만족시킬 수 없고, 업무지원팀이 개선되어야 할 부분도 많지만 담임들에게서 업무의 부담을 덜어 준 것. 그것만으로도 그들의 노력은 존중받아야 한다고 생각한다.

고마워요. 덕분에 무엇이 소중한지 깨달았습니다. 그동안 고생했어요.

p.s. 선생님들이 역량을 펼칠 수 있게 지켜봐 준 교장, 교감 선생님. 소담초의 철학과 기치 아래 치열하게 아이들과 하루를 살아 내는 선생님들, 그리고 부족하지만 그런 우리를 믿고 따라 주는 아이들과 따뜻한 시선으로 학교에 참여해 주시는 학부모님들 감사합니다. 척박한 언 땅 같은 교육계의 현실에 우리 모두의 노력이 거름이 되어 소담스러운 꽃을 피우길 간절히 바랍니다.

6장

흔들렸지만
쓰러지지는 않았다

소담살이 1년 차 이상미

혁신학교 소담초에서는
교사가 자율성을 갖고
교육과 관련하여 무엇이든
마음껏 하고 싶은 일을 저지를 수 있다.
영역도 다양하다.
학년 전문적학습공동체를 통해
교육과정의 판을 새로 짤 수 있고
두레를 통해 수업, 평가, 생활지도 등
자신이 원하는 분야에 참여하여
학교 체계의 씨실과 날실을 짤 수 있다.
어디 그것뿐인가.

행복씨앗들과의 만남

2월 열흘 동안의 새 학기 준비 기간 동안 학교에 나와 이제 제법 익숙해진 교실에서 이것저것 준비를 하고 기대 반 각오 반으로 아이들을 맞이하게 되었다. 아이들의 첫인상은 무척 밝고 활기찼다.

'음, 올해 괜찮겠는데'라고 생각하는 찰나 싸움이 터졌다. 보통 첫날은 선생님과 친구들 간을 보느라 잘 싸우지 않는데 이 친구들은 별로 그런 걸 신경 쓰지 않는 눈치였다. 다소 불안하고 화를 참지 못하는 모습, 벌써 자리를 바꿔 앉게 해 달라는 요구에 올해는 좀 수월하게 지낼 수 있을까 반쯤 품었던 기대는 바로 고이 접어 넣어 두게 되었다.

사실 그러한 모습은 지금도 계속되고 있다. 매일 싸움이 끊이지 않고 화가 나 교실을 뛰쳐나가거나 지나치게 분노를 표시하는 모습도 자주 볼 수 있다. 이런 문제는 교사가 아무리 생활지도를 열심히 해도 다 해결할 수 없다. 개인의 성장과정과 기질, 가정환경이 큰 영향을 미치기 때문이다.

교사는 다만 조금이라도 너 나아질 수 있다는 믿음을 갖고 끊임없이 지도하고 그때마다 문제를 해결해 나가며 적절한 수준의 관리를 할 수 있을 뿐이다. 나의 지도가 당장 아이들의 변화를 이끌어 낼 수 있다고 생각하지 않는다. 다만 아이의 마음속에 남아 언젠가 아이가 변하고 성장하는 데 밑거름이 될 수는 있다고 믿는다. 결과가 바로 드러나지 않는 교육은 참 힘든 일이다. 그래서 교육에서 즉시적인 성과를 요구해서는 안 된다.

이렇게 시작한 우리 5학년 행복씨앗반은 갖가지 일들을 지지고 볶으며 지금은 5학년이 끝나 가는 걸 하루하루 아쉬워하며 지낸다고 하는데, 나 혼자만의 생각은 아니길 바란다. 이제 소담초 5학년 행복씨앗반에서 나와 아이들의 1년살이에 대해 이야기보따리를 풀어 보고자 한다.

행복의 의미

올해로 9년째, 맡은 반 이름을 행복씨앗반이라 부르고 있다. 현재 행복한 사람이 되라는 의미도 있지만 한 발 더 나가 우리 아이들이 자라 주변에 행복을 전해 주는 존재가 되기를 바라는 마음을 담아 행복에 씨앗이라는 단어를 더했다. 최근 충북의 혁신학교를 모두 행복씨앗 학교라 부른다는 것을 알고 혹시 날 따라 했나 하는 근거 없는 추측에 내심 기분이 좋기도 했다. 이렇듯 세종을 비롯해 전국의 많은 교육청과 학교에서 아이들의 행복을 교육 목표로 내걸고 있었다.

　한 연수를 통해 당연히 좋은 것으로만 알고 있던 이 '행복'이라는 단어에 대해 다시 생각해 볼 기회가 있었다. 우리 교육이 행복이라는 모호하고 거의 도달 불가능한 목표를 세우고 아이들은 늘 즐거워야 한다는 기준을 세워 놓고 '선생님 재미없어요'라는 아이들의 말 한마디에 좌절하는 것은 아닌지, 또한 학교에서 추구하는 행복이 사람들이 일반적으로 말하는 행복과 같은 것인지를 생각해 볼 필요가 있다는 말에 많은 공감을 했다.

　불과 몇 년 전까지는 딱딱한 교실에 가만히 앉아 듣는 일제식 수업에서 벗어나 흥미를 중시하여 다양한 활동을 할 수 있는 기회를 주는 것으로 아이들이 행복해질 수 있다고 생각했는지 모르겠다. 하지만 이제는 반대로 언제까지 배움에서 흥미와 재미를 추구해야 하는지 생각해 볼 시점이다. 혹시 우리 아이들이 감각적으로 재미있는 일에만 익숙해져 차분히 해야 하는 공부마저 지루해하고 참지 못하게 된 것은 아닌지도 뒤돌아보았으면 한다.

　우리 반에 피아노를 매우 잘 치는 친구에게 어떻게 그렇게 잘 칠 수 있느냐고 물은 적이 있다. 아이는 이렇게 대답했다.

　"저도 피아노가 잘되지 않아서 정말 재미없고 그만두고 싶은 때가 있었어요. 그런데 그 과정을 참아 내고 나니 지금은 피아노가 정말 재미있고 실력도 많이 늘게 되었어요."

　배움은 그런 것이 아닐까. 배움은 원래 생소하고 몸에 맞지 않는 무언가를 해내야 하는 고통스러운 일이다. 그 고된 과정을 이겨 냈을 때 비로소 알게 되고 할 수 있게 되며 거기서 기쁨을 느낀다. 그런데 언젠가부터 우리는 배움이 고통스럽고 어려운 일이라는 사실을 애써 잊고 있었던 것 같다.

아이들이 즐겁게 배워야 한다는 강박관념 속에서, 아이들에게 어떤 배움이 일어나는지보다 그 순간 아이들이 재미있어하는 모습을 보는 데 방점을 찍었던 건 아닐까? 배움은 원래 힘든 것이란 걸 교사와 학생이 받아들이고 그에 맞는 각오와 마음 자세를 갖고 배움에 임할 때, 게임이나 체험학습 같은 감각적이고 활동적인 수업도, 차분한 강의식 수업도 의미로 배움에 연결될 수 있지 않을까?

학교교육에서 말하는 행복은 배움의 고통을 이겨 낸 뒤 얻을 수 있는 깨달음과 성장의 기쁨이란 걸 잊지 않았으면 좋겠다. 학교의 모든 활동은 교육으로 연결되어야 한다. 단순히 재미만 추구하는 것은 교육이 아니다.

민주시민으로 꽃피우기 위하여

난 국가의 명을 받은 교육 공무원으로서 법령에서 정한 교육의 목표를 열심히 따르고자 하는 아주 성실한(?) 교사이다. 건전한 민주시민 양성이라는 국가가 정한 교육의 사명에 따라 수업과 생활을 통해 민주적인 생활양식을 익히고, 합리적인 판단 능력을 길러 투표 제대로 하는 사람으로 자라게 하는 기-승-전-민주시민 교육을 하려고 무진 애를 쓴다.

이를 위해 우리 반 교육과정에는 항상 토론과 계기 수업, 다모임이 큰 비중을 차지한다. 토론 수업의 목적은 민주시민에게 꼭 필요한 비판적 사고 능력과 의사소통 능력을 기르고 세상에 대해 관심을 갖게 하는 것이다.

계기 수업 또한 과거에 벌어졌거나 현재 진행형인 역사적인 일들을 알아보고 좋은 점은 좋은 점대로, 잘못된 점은 반면교사로 삼아 생각하는 힘을 기르게 하는 것을 목적으로 한다.

다모임이 아이들이 민주주의의 시스템을 직접 체득할 수 있는 매우 중요한 과정임은 두말할 필요가 없을 것이다. 다모임은 자치를 경험하고 반성과 성찰을 통해 공동체를 좀 더 나은 방향으로 함께 만들어가며, 공동체에 대한 믿음과 애정을 갖게 만드는 매우 중요한 교육과정이다.

#1 열정 뿜뿜 토론 수업

아이들은 토론을 정말 좋아한다. 많은 선생님들이 토론 수업을 어렵게 생각하지만 아이들이 토론을 좋아하는 (심지어 우리 두 딸은 집에서 하는 토론도 좋아할 정도이다) 에너지가 있기 때문에 너무 부담을 갖지 말고 가볍게 다가갔으면 좋겠다.

나 역시도 토론을 무척 좋아한다. 라디오에서 하는 〈열린 토론〉이란 프로그램의 오래된 열혈 청취자인데, 육아휴직 때 청취자 전화를 자주 걸어 방송사 기념 시계를 선물로 받은 적도 있다는 자기 자랑을 해 본다.

그런 개인적 취향도 수업에 반영되어 칠팔 년 전부터 토론 수업에 관심을 갖게 되었고, 연수도 듣고 책도 읽으면서 어떻게 토론 수업을 할지 고민했다. 그런데 2 대 2 토론, 짝 토론, 이름도 어려워 기억도 나지 않는 토론 방식 등 많은 방법을 시도해 보았지만 뭔가 형식에 치중하게 되고 재미도 없게 느껴졌다.

이런저런 시행착오와 우여곡절 끝에 지금 하는 토론의 형식을 정하게 되었는데, 전문적이지는 않지만 쉽게 접근할 수 있다는 장점이 있다. 그 방법은 다음과 같다.

1. 아이들이 토론하고 싶은 주제를 고른다(미리 찬반 인원수를 조사해 양측의 수가 너무 한쪽으로 기울지 않는 주제를 선택하는 방법, 임의로 학급의 반은 찬성으로 반은 반대로 정해 주는 방법).
2. 일주일간 토론문을 준비하도록 한다(학기 초에 토론문을 쓰는 방법을 지도하고 가정에도 운영의 취지를 알려 주제와 관련된 대화를 하도록 유도한다).
3. 찬성과 반대가 서로 마주 보고 앉도록 좌석 배치를 한다. 마주 앉는 좌석 배치만으로도 토론을 훨씬 긴장감 있게 진행할 수 있다.
4. 토론 시작 전 찬성과 반대 인원을 조사한다.
5. 토론을 한다(반론을 위해 상대의 의견을 기록하도록 한다. 반론과 의견 발표를 포함해 한 명도 빠짐없이 자신의 의견을 발표하는 것을 원칙으로 한다).
6. 토론 종료 후 다시 찬성과 반대 인원을 조사한다(어느 쪽이 조금 더 늘었으면 그것으로 어느 한쪽이 조금 더 설득력이 있었다

는 정도로 정리한다).

7. 토론 소감을 발표한다(새롭게 알게 된 점, 생각의 변화, 절차상 아쉬웠던 점 등에 대해).

아이들은 토론을 무척 좋아한다. 토론문을 준비해야 하는 수고로움에도 불구하고 대부분 열심히 준비하고 열정적으로 참여한다. 한 번이라도 더 의견을 말하고 반론을 하려고 무진 애를 쓴다. 그래서 공평하게 발표 기회를 주는 것이 사회자의 매우 중요한 역할이다. 2학기 학부모 공개수업으로 청소년 게임 셧다운제에 대한 토론을 했다. 평소 그대로 모습에 평소보다 진지함 한 스푼 더 보태어 수업을 했는데, 한 학부모님이 '아이들이 왜 이리 말을 잘해요. 국회 같아요'라고 말씀해 주셔서 모두가 으쓱했었다.

동물원 폐지에 대한 토론에서는 동물 보호와 관람의 목적을 모두 충족할 수 있게 아주 넓은 동물원을 만들자는 제3의 의견이 나왔다. 아이들이 찬반을 넘어서 문제의 해결책을 찾아가는 것에 감탄해 폭풍 칭찬을 해 주었던 기억이 있다.

세상의 일에 관심을 갖고 생각을 글로 쓰고 그것을 바탕으로 서로 의견을 주고받으며 내 생각을 확장시키는 것, 그것이 토론 수업의 목적이며 그렇게 조금씩 아이들은 서로 배우며 민주시민으로서 성장하고 있다.

#2 계기 수업-과거를 알고 현재를 살자

올해는 국가적으로 중요한 일이 많았다. 작년 촛불혁명으로 새 정부가 들어섰고, 평창 동계올림픽을 계기로 북한과의 관계가 새로운 변화 국면을 맞이했고, 해빙기가 시작되었다. 특히 문재인 대통령과 김정은 위원장의 두 차례에 걸친 만남은 정말 감동적이었는데, 이 감동을 아이들과 함께하고 싶었고 꼭 그래야 한다고 생각했다.

처음 통일교육을 시작했을 때 북한을 빨갱이라고 하는 아이들이 있어서 놀랐다. 아이들이 자라 온 내내 남북 관계가 얼어붙어 있었기 때문이리라 이해했다. 아이들에게 북한 하면 떠오르는 것은 아마 북핵과 미사일밖에 없었을 것이다. 그래서 더 교육이 필요하다고 생각했다. 우리 아이들은 앞으로 통일 시대를 살아가야 할 것이기 때문이다.

4월 27일 1차 남북정상회담을 며칠 앞두고 도덕과 창체 시간을 이용하여 남북한의 대립과 분단의 역사와 그로 인해 우리 민족이 얼마나 힘든 세월을 살아왔는지, 북한과 우리가 70년 동안 갈라져 살면서 어떤 점이 달라졌는지에 대해 알아보고 공부했다.

음악 시간에는 통일 노래를 몇 가지 배워서 불렀다. 그중 '그날이 오면'이라는 노래가 있는데, 아이들이 참 좋아해서 스스로 악보를 구해 악기로도 연주하고 잘 따라 불렀다. 미술 교과에서 한반도기를 무궁화로 꾸미고, 통일에 관한 소망을 적는 활동을 했다. 그런 활동을 통해 통일에 관심이 없거나 통일을 반대하는 마음을 가졌던 아이들이 많이 변화하는 것을 느낄 수 있었다.

이런저런 활동을 하고 나서 드디어 1차 남북정상회담 생방송을 함께 보았는데 환호를 지르는 아이, 눈물을 흘리는 아이들까지 있었다. 사전 교육 없이 방송만 보았다면 남북정상회담이 아이들에게 그렇게까지 감동으로 다가갈 수 있었을까. 그 뒤로 2차 회담, 북미회담까지 놓치지 않고 감동의 순간을 함께했다.

다음으로 기억에 남는 계기 수업은 5·18 광주 민주항쟁에 관한 수업이다. 1학기 사회 교과의 내용 중 민주주의의 발전 과정에서 광주 민주화운동을 아주 짧게 다루는데, 이는 우리나라 사람이라면 꼭 알고 잊지 말아야 할 일이므로 좀 더 공을 들여 수업을 계획했다.

5월 17일 퇴근하기 전 미리 아이들 책상마다 5·18에 관한 설명 자료를 배부하여 5월 18일 당일 등교하자마자 읽도록 하고, 부연 설명을 해 주었다. 다음으로 영상과 다른 자료를 통해 좀 더 자세히 알아보았는데, 아이들은 그 영상만으로도 어떻게 그런 일이 있을 수 있었는지 매우 놀라고 안타까워했다.

마지막으로는 영화 〈화려한 휴가〉를 보았다. 아이들은 군인들이 시민들을 마구 때리는 끔찍한 장면에 놀라기도 하고, 한 가족이 역사의 소용돌이 속에 속절없이 무너지는 모습에 눈물을 흘리기도 했다.

영화를 본 뒤 감상문을 쓰고 발표했는데 생각보다 깊이 있는 내용이 많이 나왔다. 전 대통령은 권력을 얻었지만 국민의 마음은 얻지 못한 반쪽짜리 실패한 대통령이라는 내용, 내가 광주에 투입된 군인이었다면 명령을 수행하는 척하고 실제 하지는 않았을 거라는 현실과 양심 사이에서 고민하는 내용, 자신이 광주 시민이었다면 친구와 가족이 억울하게 죽어 가는 것을 그냥 두고 보지 않고 함께 싸웠을 것이라는 내용 등이 기억에 남는다.

#3 다모임-함께 세운 규칙 좀 지키자!

특별한 일이 없다면 매주 금요일 마지막 시간 다모임을 한다. 일주일 동안의 생활을 반성하고 성찰할 수 있는 소중한 시간이다. 그동안 다양한 방법으로 학급회의를 해 보았는데, 소담초에 와서 알게 된 '조아바(좋았던 점, 아쉬웠던 점, 바라는 점)' 방식이 기본적인 회의의 핵심을 놓치지 않으면서도 자연스럽게 의견을 주고받을 수 있어 효과적이었다.

다모임 대표가 회의를 진행하면 난 PPT를 화면에 띄워 의견을 기록하고 정리한다. 회의가 끝나면 바로 출력해서 게시판에 올린다. 아이들 중 발표 내용을 정리해서 빨리 워드를 칠 수 있는 친구가 있어 맡기면 좋겠지만, 교사가 해도 괜찮다고 생각한다. 학급회의 때 교사의 역할이 따로 없어 자칫 외부자로서 아이들을 조용히 시키고 회의에 잘 참여하는지 감시하곤 하는데, 의견을 내진 않지만 기록을 하니 함께 회의에 참여한다는 느낌이 좋다. 가끔 아이들의 의견을 유머러스하게 기록해서 진지 모드의 회의를 조금 부드럽게 만들기도 한다. 발표자의 이름 쓰는 걸 잊지 않는데, 이는 자신의 의견에 좀 더 신중을 기하고 책임감을 갖게 하는 효과가 있다.

다모임에서는 우리 반의 여러 문제점이 드러나고, 그것을 해결하기 위한 방법과 규칙이 쏟아진다. 진지하게 의견을 주고받으며 규칙을 정했는데, 지금까지 22회 회의를 진행했으니 그만큼 많은 규칙이 만들어졌을 것이다.

문제는 '열심히 만든 규칙을 지키지 않는다!'는 것이다. 아이들 입에서 '어차피 안 지킬 거잖아'라는 말이 나올 때는 참 난감하다. 이런 고민을 동료 선생님께 말씀드리자, 아이들 스스로 문제를 알고 고치려고 시도하는 것만으로도 의미가 있는 것이니 목표를 너무 높이 잡지 말라고 조언해 주셨다.

그러나 문제점을 모두 인지해서 그것을 고치고자 시간과 노력을 들이고 합의를 통해 규칙을 만들었는데, 그것을 잘 지키지 않는 행태가 반복되는 것은 비교육적이다. 행동에 대해 책임을 지지 않아도 그만이라는 잘못된 인식이 내재화될 수 있다는 점, 규칙을 열심히 지키는 아이가 오히려 손해를 볼 수 있다는 점, '어차피 안 될 거야'라며 공동체에 대해 불신을 갖게 된다는 점, 외부의 큰 힘이 발휘되어 문제를 해결할 경우 그게 더 편하다는 잘못된 인식을 갖게 될 수 있다는 점에서 비교육적이다.

이 문제는 소담 구성원 모두가 무겁게 받아들이고 꼭 함께 해결해야 한다. 아이들이 규칙을 세우는 자율성뿐만 아니라 합의된 것을 존중하고 지키는 책무성을 기르기 위해서는 어떤 방법을 찾아야 하는데, 사실 나도 뾰족한 수가 없어 계속 고민이다. 겉으로 확 드러나지는 않지만 조금씩 나아지고 있다고 믿어야 할까? 아니, 믿고 싶다.

"애들아, 함께 만든 규칙 그냥 좀 지키면 안 되겠니!"

따뜻한 온작품 이야기

소담에 와서 그토록 해 보고 싶던 온작품 읽기를 할 수 있었다. 소원을 풀었다고 할까? 제대로 된 교육과정을 교과서가 아니라 온전히 동료 선생님과 함께 뜻대로 만들어 펼칠 수 있다는 점에서 정말 기뻤다.

친구들과 함께 글의 전체 맥락을 이해하며 깊이 있게 책을 읽을 수 있고, 서로의 생각을 공유할 수 있다는 점은 온작품 읽기가 지닌 큰 매력이다. 최근 김영하 작가는 방송에 나와 자신의 작품이 교과서에 실리는 것을 거부했다고 말했다. 자신의 글이 분절되어 교과서에 실리는 것, 글을 읽는 각자의 해석은 무시한 채 누군가가 정한 한 가지 답만 찾도록 하는 국어 교육에 반대하기 때문이라고 했다. 지금까지의 교과서 위주의 정답 찾기식 국어 교육에 경종을 울리고 온작품 읽기의 필요성을 대변해 주는 말이었다.

작품과 관련해 많은 활동을 했는데, 미리 계획된 것도 있었지만 마치 고구마가 줄줄이 엮여 나오는 것처럼 예상치 않게 서로 연결되어 하게 된 활동이 더 많았다. 계획했던 활동보다 순간의 느낌, 아이들의 번뜩이는 아이디어에서 시작된 활동을 더 즐겁게 했던 것 같다. 이런 경험을 통해 교사에게는 아이들의 순간의 감정, 표정, 반응을 읽어 내고, 그때마다 적절하게 교과를 넘나들며 활동을 엮어 내고 피드백할 수 있는 순발력과 임기응변 능력이 매우 중요하다는 생각을 갖게 되었다. 그러기 위해 아이들의 말, 표정, 몸짓 등 반응을 주의 깊게 살펴야 하리라.

#1 너도 하늘말나리야

1학기 국어 관련 온작품으로 이금이 작가의 『너도 하늘말나리야』를 선정했다. 이 책은 가정에 결핍이 있는 3명의 5학년 아이들이 여러 일을 겪으며 관계를 맺고, 그로 인해 단단하게 성장해 가는 이야기이다. 한창 친구 관계에 예민하고 부모님과도 삐걱거리기 쉬운 우리 아이들이 공감할 수 있는 내용을 많이 담고 있다.

성취기준을 분석해 온작품과 연결 지을 수 있는 교육과정을 구성했다. 문맥을 통해 낱말의 의미 찾기, 비유법을 공부하고 친구를 꽃에 비유한 글쓰기, 대본 쓰고 연극하기 등 다양한 활동을 했다.

소소한 1차시 수업이었지만, 인물의 마음을 색으로 표현하는 수업이 특히 기억에 남는다. 아이들이 대부분 인물의 마음을 한 가지 색으로 표현했는데, 평소 수업에 잘 참여하지 않던 ○○이가 인물의 마음을 겉은 파란색이지만 속은 보라색이라고 발표했다. ○○이가 표현한 인물은 이혼을 한 주인공의 엄마인데, 겉으로는 씩씩하게 생활하지만 속으로는 이혼의 아픔과 방황하는 딸에 대한 걱정이 가득한 인물이다. ○○이는 인물의 이중적인 마음을 분석하고 멋진 발표를 해 주었다. 그 뒤로 다른 아이들도 인물의 성격과 심리를 복합적으로 읽어 낼수 있었다. ○○이는 이런 식으로 간혹 친구들이 생각지 못하는 번뜩이는 아이디어나 의견을 말할 때가 있다. 지금도 ○○이가 수업에 참여하지 않는 모습이 속상하고 가끔 화가 날 때도 있지만, 마음만 먹으면 언제라도 해낼 수 있는 가능성을 지녔음을 알기에 조금은 여유를 갖고 지켜보게 된다. 그날의 수업은 ○○이가 처음으로 가능성을 증명해 보인 나에게는 잊지 못할 시간이었다.

『너도 하늘말나리야』를 다 읽고 5학년 전체가 함께 했던 독서 골든벨은 짜릿함을 선사해 주었다. 여느 골든벨과 다를 바 없이 진행했는데, 아이들이 탈락을 해도 화내거나 아쉬워하지 않고 결과와 관계없이 계속 문제를 풀며 참여하는 모습이 참 고마웠다.

뭐니 뭐니 해도 그날 골든벨의 백미는 시상식이었다. 우리 반 정민이가 마지막으로 남아 골든벨을 울렸는데, 주사위 굴리기로 여섯 가지 상 중 한 가지를 뽑게 했다.

여섯 가지 상은 우리 반만 영화 보기, 우리 반만 간식 먹으며 영화 보기, 옆 반과 함께 영화 보기, 옆 반과 함께 간식 먹으며 영화 보기, 5학년 전체 영화 보기, 5학년 전체 간식 먹으며 영화 보기였다. 정민이는 6분의 1의 좁은 확률을 뚫고 5학년 전체 간식 먹으며 영화 보기를 뽑았다.

그 순간 우리 모두는 축제 분위기에 휩싸였다. 모두들 정민이의 이름을 연호했다. 평소 조용한 성격의 정민이는 5학년 친구들에게 확실한 존재감을 갖게 되었다. 모두 함께 배움의 즐거움과 승리의 기쁨을 누렸고, 무엇보다 '배워서 남 주자'는 구호가 실현되는 순간이었다.

#2 전태일 평전-노동자가 존중받는 세상

두 번째 온작품으로 사회과 '우리 경제의 성장' 단원과 관련해 『전태일 평전』을 선정했다. 그 이유는 아이들에게 노동의 가치와 의미를 알게 해 주고 싶어서였다. 책을 읽으며 1960~1970년대 10대의 어린 여성 노동자들이 비인간적이고 열악한 환경 속에서 기계 부품처럼 소진되었던 초고속 경제 성장의 어두운 이면에 대해 알려 주었다.

앞으로 노동자가 되어 살아갈 우리 아이들에게는 그런 일이 일어나지 않도록 노동을 존중하고, 인간으로서의 권리를 제대로 알고 누릴 수 있는 토대를 마련해 주고자 했다. 또한 타인의 고통에 절절히 공감하여 자신의 삶을 희생한 전태일의 정의로운 희생정신도 조금은 느낄 수 있기를 바랐다.

이 책은 비교적 내용이 쉽고 짧아 속도감 있게 읽으면서 그 당시 상황을 알 수 있는 기사나 영상을 함께 찾아보았다. 마지막으로 감상문을 썼다. 비슷한 또래가 그렇게 힘든 공장 일을 했다는 것에 대한 놀라움과 분노를 쓴 글, 자신도 앞으로 노동자가 될 것이니 권리에 대해 잘 알아 두어야겠다는 소감, 노동자는 힘들고 돈도 적게 버는 일을 하는 사람이라고 생각했는데 선생님도 부모님도 직업을 갖고 일하는 사람은 모두 노동자임을 알게 되어 놀랐다고 쓴 글이 기억에 남는다.

이렇듯 가장 큰 배움은 노동에 대한 인식의 전환이다. 어른들도 함께 인식을 바꿔야 한다. 우리는 모두 노동자다. 특히 우리 교사는 한 인격을 키워 내는 성스러운 일을 하는 노동자다.

#3 너와 내가 쓴 시와 함께

1학기에는 시인이 쓴 『Z교시』라는 시집을 함께 보았고, 2학기에는 아이들이 좀 더 다양한 시를 접하도록 각자 한 권씩 시집을 준비해서 읽었다. 국어 교과도 많은 시를 다루고 있는데, 대체로 좀 생동감이 없고 매력이 떨어진다. 좋은 시도 많은데 딱딱한 교과서에 실려서 그렇게 푸대접을 받는지도 모르겠다.

시와의 만남은 내가 갖고 있는 동시집을 읽어 주는 것으로 시작했다. 또래 아이들의 생활상과 느낌이 고스란히 드러나 공감이 팍팍 가는 시, 한 줄짜리 시, 행도 연도 신경 쓰지 않고 죽죽 써 내려간 시들을 함께 읽으며 아이들은 시에 대한 부담감을 버리게 되었다.

"에이, 선생님. 이런 것도 시예요?"

"물론이지."

"와, 시 쉬운 거였네."

이런 말이 나오면 시 수업은 반쯤 먹고 들어가게 된다. 교사는 학급에서 벌어지는 재미있는 일이나 예상치 못한 일들을 잡아내어 시의 소재로 연결시켜 주기만 하면 된다. 그다음은 아이들이 다 한다. 한번은 급식으로 카레가 나왔는데, 한 아이가 식판을 들고 가다 카레를 내 등에 흘린 적이 있었다. 그 일을 소재로 삼아 내가 먼저 점심시간에 칠판에 "노란 빗물이 내렸다. 따뜻하고 노란 빗물, 오해하지 마시라 그것은 카레 국물"이라고 썼다. 그랬더니 아이들이 하나둘 카레에 관한 시를 쓰기 시작했다. 평소 수업에 잘 참여하지 않던 ○○이도 칠판에 나와 싱글거리며 시를 썼다. 참 예쁜 모습이었다.

행씨반 아이들 시를 참 즐겨 쓰는데, 몇몇 아이는 책으로 내도 될 정도란 생각이 든다. 우리 반 친구들이 쓴 시를 두 편 소개한다.

10원짜리 동전

김정원

죽었다 깨어나도

치사해서 안 받는

주황 동전 10원

내 동생은
색깔 보고 고르는
주황 동전 10원

10원짜리 동전 받고 좋아하는 동생 보니
뭔가 미안해진다.

오르락내리락

고혜나

학원 끝나고 아빠가 데리러 오신다.

급한데 내려가기만 하는 엘리베이터
네 감정은 올라가기 시작하고
기껏 내려왔더니 우산을 놓고 왔다.
엘리베이터는 올라가기만 한다.

어쩔 수 없지
내 감정은 엘리베이터 따라
오르락내리락
오르락내리락

아이들을 보며 난 시를 왜 그렇게 어렵게 배웠지 싶었다. 행과 연, 대구, 비유법, 직유법, 은유법. 형식적인 내용 위주로 시를 '학습'한 탓에 어릴 때 시를 즐기지 못한 것이 억울할 지경이다.

시 수업의 기본은 시 나눔이다. 좋은 시를 많이 자주 접해야 감수성도 풍부해지고 시의 소재를 생활에서 찾을 줄도 알게 되며, 감정을 표현하는 방법도 저절로 익힐 수 있다.

아이들은 시를 읽고 쓰는 활동뿐만 아니라 자신이 쓰고 고른 시에 공감을 받는 경험을 매우 좋아한다. 자신이 쓴 시를 반 전체가 함께 읽어 줄 때 그 아이는 황홀한 표정을 짓기도 한다. 친구의 시에 댓글을 달게 했다. 공감의 댓글, 지지의 댓글을 받으며 시에 대해 자연스럽게 흥미를 느끼고 의욕을 갖게 됨을 알 수 있었다. 아무리 단절된 세상이라지만 여전히 인간은 감정을 공유할 때 본능적으로 큰 기쁨을 느낀다.

요즘 들어 감정이 무디고 공감능력이 부족한 아이들을 점점 많이 보게 된다. 그래서 다툼도 많이 일어나고 잘 해결되지도 않는다. 시 수업을 활성화하면 그러한 문제를 조금은 해결해 나갈 수 있을 것이라고 생각한다.

지금 한창 문집 작업을 하고 있다. 전에도 몇 번 학급 문집을 만들었던 경험이 있다. 그때는 아이들이 문집을 만들자는 말에 부담감을 많이 느끼고 원하지 않는 아이들도 있어 억지로 끌고 갔었다. 아마도 내가 '자, 우리 문집을 만들 거야. 지금부터 글을 써 보자'고 했기 때문이었을 것이다. 올해는 문집 만들자는 말에 아이들이 단번에 '와, 재밌겠다. 좋아요'라고 응답을 해 주었다. 아마도 그간 쭉 써 온 시와 감상문 등 갖고 있는 자산이 많아서 그런 듯하다. 있는 자의 여유라고나 할까? 10 대 1의 경쟁률을 뚫고 채택된 문집 제목은 '응답하라 행씨 2018'인데 어떤 모습으로 완성될지 자못 궁금하다.

찍고 보고 쓰고 즐기는 '사진과 시' 동아리

창체 동아리 활동으로 '사진과 시' 동아리를 운영하고 있다. 동아리 이름 그대로 사진도 찍고 시를 쓰는 것이 주요 활동이다. 사진과 시를 묶은 이유는 둘 사이에 공통점이 있기 때문이다.

사진은 순간을 포착해 사진으로 기록을 남기는 것이고, 시도 역시 우연히 겪은 사건이나 순간의 느낌에 나름대로의 의미를 부여해 글로 남기는 것이므로 연결하여 활동하면 좋겠다고 생각했다.

사진을 찍으며 자세히 보기를 한다. 자세히 보면 평소 보이지 않던 것들이 눈에 들어온다. 아무렇게나 돋아 있는 한 포기 풀도, 파란 하늘에 떠 있는 구름 한 조각도 새롭게 보이고 나만의 스토리를 엮게 된다. 또 그것이 바로 시의 소재로 연결되는 것이다.

사진을 동아리 클래스팅 앨범에 올리고 함께 본다. 자신이 찍은 사진을 소개하고 함께 공유하며 뿌듯함과 흥미를 느끼는 모습을 많이 본다. 그렇게 사진으로 밑 작업을 한 후 시를 쓰면 훨씬 더 살아 있고 자연스러운 아이들의 시를 만나게 된다.

시는 그때마다 작은 종이에 써서 한 장씩 연결하여 병풍 모양의 시집으로 만들었다. 어떤 친구는 자기 키보다도 긴 시화집을 만들었는데, 긴 시화집을 쭉 펼쳐 보며 수학 시험 100점 맞았을 때보다 더 뿌듯한 표정을 짓는 모습을 보며 나 역시 보람을 느꼈다. 어릴 때부터 시와 친구가 된 아이는 어떤 어른이 될까? 적어도 메마른 삶을 살지는 않을 거라 믿는다.

수업과 평가에 대하여

수업이 쫓기듯 급한 때가 있었다. 오늘 여기까지 진도를 빼야 하는데, '우리 반 평균이 왜 이리 낮아'라고 걱정하는 것이 수업 고민의 다였던 것 같다. 그때는 수업의 주체가 누구인가라는 생각조차 없었던 시절이다. 아이들이 배우고 있는지, 정체되어 있는지, 다른 데서 헤매고 있는지 관심 없이 그저 내가 주도해서 교과서 페이지 넘기기에 급급했다. 그러고는 난 열심히 아이들을 잘 가르쳤다고 만족했다. 돌아보면 참 부끄럽고 미안하다.

지금도 여전히 시간에 쫓기고 수업 준비를 못해 형편없는 수업을 할 때가 있다. 수업을 잘해서가 아니라 내가 수업에 대해 깨달은 바를 잊지 않고 마음에 담아 제대로 된 수업을 하고자 한다. 스스로에 대한 다짐과 약속의 의미로 부끄럽지만 지금까지 내가 깨달은 수업에 관한 글을 남긴다.

이제 수업의 주인은 아이들이라는 관점이 명확하다. 교사는 배움이 일어나도록 수업을 디자인하고, 아이들은 그 틀 안에서 마음껏 읽고 쓰고 말하고 움직이며 배움을 엮어 나간다. 가끔 틀 밖으로 나가는 아이들이 있지만 당연한 일이다. 아이들을 다시 배움의 장 안으로 끌어들이는 것이 교사의 역할이다.

수업 목표는 작게, 활동은 단순하게 가면서도 그 안에서 디테일이 살아 있는 수업을 구성해야 한다. 또한 과거에는 중간 수준의 아이를 기준으로 수업을 짰다면, 이제는 산만한 아이, 선행 학습을 한 아이, 학습 결손이 있는 아이, 친구 관계가 좋지 않은 아이 등 학습자 개개인의 특성을 고려해야 한다.

수업은 사람과 사람 사이의 일이다. 수업 속에 관계가 녹아 있다. 평소 학생과 교사, 학생과 학생 간에 어떤 관계를 맺었느냐에 따라 수업 분위기가 전혀 다르고, 그만큼 효과도 다르다. 그러므로 수업만 잘하는 교사는 있을 수 없다. 관계 맺음을 잘하는 교사가 수업도 잘한다. 그래서 수업은 더 어렵다. 신경 쓸 것이 한두 가지가 아니다.

그간 활동에 치중하고 정리가 제대로 되지 않는 수업을 많이 했다. 숨 가쁘게 활동을 진행하다 끝날 시간이 되면 교사가 '오늘은 여기까지'라고 일방적으로 문을 닫아 버리는 수업을 했다. 그러나 정리를 하지 않는 수업은 집어넣기만 하고 여미지 못해 다 쏟아 버리게 되는 보따리 같다는 생각이 든다. 아이들에게 수업을 통해 배운 것을 차분히 정리하고 자신의 것으로 만들 시간을 주어야 한다. 그것을 다시 자신의 말과 글로 표현할 기회 또한 주어야 한다. 내용은 적게 가면서도 무엇을 배우는지 무엇을 배웠는지만은 확실히 해야 한다. 소박하고 진솔한 수업을 하고자 한다.

수능일 단상

11월 5일은 수능시험을 치르는 날이었다. 전 세계에서 객관식 시험을 치고 대학에 들어가는 나라는 이제 일본과 우리나라밖에 없다고 한다. 부끄러운 노릇이다. 프랑스 대입 시험인 바칼로레아는 전 과목이 모두 논술과 주관식이고, 시험 시간이 한 과목당 평균 네 시간이며, 전체 시험을 일주일에 걸쳐 본다. 바칼로레아 기간 프랑스 시민들은 카페에 모여 논술 주제를 놓고 토론을 하는 전통이 있다고 하는데, 아직도 고등학교에서 객관식 문제풀이를 하고 있는 우리나라를 생각하면 그들의 격조 높은 문화가 부럽고 우리 현실이 안타깝기 그지없다. 멀리 볼 것도 없이 고려 광종부터 천 년 가까이 지속되었던 우리의 과거 시험도 100% 논술 시험이었다.

객관식 시험이 일견 공정할 수도 있지만, 공정함을 지키려고 사회에서 요구하는 역량을 키우지도 못하고 인간적 성장과도 관련 없이 오직 문제 하나 더 맞혀 등수를 올리기 위한 학습 노동을 언제까지 계속해야 하는 걸까.

수능시험 다음 날 학생들이 문제집과 교과서를 쓰레기처럼 아무렇게나 집어던지는 장면이 매년 뉴스를 통해 보도된다. 더할 것도 덜할 것도 없이 우리의 교육 현실을 나타내는 씁쓸한 사진이다.

학교가 제대로 된 교육을 통해 사유하고 성찰할 줄 아는 인간, 제 생각을 말과 글로 표현할 수 있는 인간, 자신의 삶에 필요한 일을 제 손으로 할 수 있는 인간을 키워 낼 수 있기를 바란다. 그러려면 하루라도 빨리 대입제도가 바뀌어야 한다.

일이 점점 커지네 – 행복씨앗 음악발표회

우리 반 친구들은 흥이 많아서 음악 시간을 참 좋아한다. 5학년 말이면 보통 노래를 잘 부르려 하지 않는데, 우리 씨앗이들은 현장학습을 가서도 동요를 부를 정도로 흥이 많다. 음악과의 영역 중 생활화 부문에 대한 수행평가를 발표회에서 노래나 악기 연주 공연을 하는 것으로 계획했다. 원래는 으레 하던 실기 평가처럼 한 사람씩 나와 지정곡을 연주하는 것으로 계획했는데, 계획을 변경해 발표회를 열게 되었다.

그렇게 바꾸게 된 계기는 지난 10월에 열렸던 우리 학교 축제였다. 소담에서 처음 맞은 축제는 이전에 있던 학교에서의 부담 백배인 학예회와 다르게 교사인 나도 아이들과 함께 즐길 수 있었던 행복한 축제였다. 축제 중 오디션을 거쳐 선정된 친구들이 공연을 했는데, 악기 연주, 춤, 합창, 콩트 등 다양한 내용에 수준도 높아 감탄하면서 재밌게 보았다.

이전 학교의 부담스러웠던 학예회와 비교할 때 원하는 학생들이 무대에 서는 것도 괜찮다는 생각을 했다. 그런데 축제 평가회에서는 나의 생각과 다르게 공연의 문제점을 지적하는 의견들이 많이 나왔다.

공연에 참여하지 않는 아이들이 너무 오래 앉아서 보는 게 힘들었다. 소수 아이들만 참여해서 아쉬웠다. 사교육 영향이 많이 작용했다. 여자아이들 위주로 공연이 이루어졌다. 소수가 공연에 참여하는 단점을 해결하기 위해 학급별 학예회와 격년으로 운영하면 어떨까? 등등의 이야기였다. 듣고 보니 타당한 의견들이었다.

그러나 과연 전처럼 모두가 다 무대에 올라가는 형식으로 가야 할까. 그것은 그간의 많은 경험상 즐기는 축제가 아니라 고역이 될 것이 뻔했다. 그때 문득 반에서 가볍게 발표회를 하면 어떨까 하는 아이디어가 떠올랐다. 그럼 소수에게만 기회가 주어지는 축제 공연의 부족함을 조금은 상쇄할 수 있겠다는 생각이 들었다. 수행평가는 좀 더 성실한 준비를 위한 장치로 마련했다. 바로 학년 선생님들과 의견을 공유하고, 씨앗이들에게 취지와 계획을 알렸더니 모두 좋아하는 기색이었다.

음악 시간에 배운 곡 안에서 곡 선정의 자유, 팀 구성 등의 자유와 함께 2주간의 연습 시간을 주었다. 그때부터 우리 반은 그야말로 음악이 생활화되었다. 쉬는 시간마다 삼삼오오 모여 발표 준비를 열심히 했다.

발표회 당일 출연 순서가 겹치지 않게 간단하게 프로그램을 만들고 이전 학교에서 반 학예회를 할 때 쓰던 현수막을 걸었다. 그러고 나니 한 친구가 '교장 교감 선생님 초대하면 안 돼요?'라고 제안을 했다. 여기저기서 '그래요! 초대해요!'라는 소리가 나왔다. '일이 점점 커지네'라고 생각했지만, 가벼운 마음으로 교장 교감 선생님께 정중한 초대의 메시지를 보냈더니 오시겠다는 답장이 바로 왔다. 모두 한두 시간 사이에 일어난 일이었다.

공연이 시작되었다. 아이들은 그동안 준비한 곡들을 참 예쁘고 정성스럽게 발표했다. 관람 태도를 수행평가 점수에 넣는다고 해서 그랬는지, 친구들 공연에 열심히 환호하고 박수 쳐 주는 모습이 아름다웠다. 특히 평소 발표를 거의 하지 않던 친구가 독창을 했는데, 친구들이 응원을 하며 떼창으로 불러 주어 감동이었다.

와 주신 교장 교감 선생님께도 정말 감사했다. 교감 선생님은 사진도 찍어 주시고 손 휘파람을 불어 주셔서 아이들이 더 신나서 공연을할 수 있었다. 예정되어 있던 다솜반의 깜짝 공연이 무산되어 아쉬워했는데, 그때 교장 선생님이 자청해서 아이들에게 '예쁘지 않은 꽃은없다'라는 노래를 불러 주셨다. 아이들은 아마 교장 선생님이 부르는노래를 처음 들어 봤을 것이다. 아이들 스스로 참 귀한 존재라는 생각이 들게 해 주셨다. 감동이었고 잊기 힘든 멋진 추억이 되었다.

무엇보다 이번 발표회가 좋았던 것은 일은 점점 커졌지만 아이들도 나도 별로 부담스럽지 않았다는 점이다. 목적을 갖고 아이들을 이끈 것이 아니라 그때의 흐름에 따라 자연스럽게 진행이 되었고, 준비에 시간과 품이 많이 들지도 않았기에 즐거운 마음으로 행사를 추진했다. 우리 행씨들이 크든 작든 올해 적어도 한 번은 무대에 서게 되었고, 뭔가를 이뤄 냈다는 성취감을 느껴 당초 목적한 바를 이룬 것은 물론이다.

씨앗이와 나의 성장

두 딸의 학예회가 있어 오전 시간 학교를 비웠다가 점심시간이 끝날 무렵에 돌아온 날이 있었다. 나만의 느낌인지는 몰라도, 오전 4시간을 비웠을 뿐인데 아이들은 며칠 만에 만난 것처럼 뛰어와 참 많이반가워했다.

학년 초에 거의 말도 없고 일기나 시를 보면 공부와 학교에 대해 거부감을 많이 표현했던 친구가 있었다. 그 아이가 '선생니~~임' 부르며 뛰어와 내 팔을 잡고 반가워해 주었다. 그 순간 예상치 못한 반응에 조금 놀라기도 하고 어색하기도 해서 같이 마음껏 반가워해 주지 못해 미안했다. '드디어 나에게 마음을 열었구나', '나와 관계 맺기가 잘되었구나'를 느끼게 해 주어서 참 고마웠다.

이렇게 행복씨앗들과 1년여를 보내며 많은 변화가 있었다. 먼저 아이들이 많이 밝아졌다. 친구들과 어울리는 맛을 알게 된 것 같다. 그 안에서 사춘기 아이들답게 사랑이 꽃피기도 한다. 여전히 많이 싸우고 시끌벅적하지만 '학교에 오는 게 재밌어요'라는 아이들 말은 힘든 하루를 버티게 만드는 비타민이다.

생각이 많이 자라났다. 모두는 아니지만 배움 공책에 정리하는 습관이 자리 잡은 아이들이 많다. 발표 내용과 써낸 글들을 보면 글 쓰는 솜씨도 많이 늘었고, 생각이 넓고 단단해졌음을 느끼게 된다. 사회에 대한 관심도 많아졌다. 뉴스를 즐겨 보고 세상의 일에 의견을 갖고 말하는 친구들이 늘어났다. 참 반가운 변화들이다. 행복씨앗 모두가 같은 수준의 성장을 이루지는 못했겠지만, 자신들의 속도대로 건강하게 잘 자라나고 있다고 믿는다.

나 또한 여기 소담초에서 많이 성장한 것 같다. 올해 수업 두레를 하며 수업을 여러 차례 공개했는데, 의무로 했던 전과는 다르게 정말 교사로서의 성장에 초점을 맞추고 자발적으로 했기 때문에 마음도 편하고 수업의 본질에 대해 좀 더 접근할 수 있었다. 수업 후 남이 해 주는 말에 일희일비하지 않고 나 스스로를 들여다볼 수 있는 눈이 생긴 것 같다.

아이들과의 관계에서도 점차 힘이 빠지게 되었다. 아이들을 어떻게 어디까지 이끌겠다는 마음보다는 아이들을 믿고 일단 하는 데 의의를 두었더니 여유가 생기고 아이들이 사랑스럽게 보인다. 또 별 기대를 하지 않을 때 아이들은 매번 한 발 더 나아가 발전된 모습을 보여 주었다.

요즘 교실에서 집중벨을 사용하지 않으려고 노력하고 있다. 벨이나 집중 구호를 사용하는 데 별 문제의식이 없었는데, 한 연수에서 벨도 일제식 문화이고 학생을 인간으로 대하지 않는 것이라는 말을 들었다. 그 당시에는 '그렇게 소란스러운 아이들을 어떻게 집중시키라는 거야, 현실을 잘 모르시는구먼' 하는 반발심 들었던 게 사실이다. 그런데 그 말이 계속 머리에서 떠나지 않고, 종을 치면 자동으로 박수를 치는 아이들의 모습이 불편하게 느껴지면서, 벨이 파블로프의 실험처럼 단순하게 아이들을 조련하는 도구라는 생각이 들었다. 내가 아이들을 그렇게 취급했다니⋯ 그 문제점을 인식하지 못한 내가 한심하게 느껴졌다.

다음 날, 아이들에게 취지를 말해 주고 습관처럼 쓰던 벨을 책상 서랍에 집어넣었다. 그리고 아이들이 스스로 집중하기를 기다려 주기 시작했다. 그런데 신기하게도 점차 아이들이 조용해지는 것이 아닌가. 집중 시간은 더 오래갔다. 역시 아이들은 내 기대보다 한 발 더 나아가고 있었다. 이번 일로 아이들을 믿고 기다려 주며 천천히 가야 함을 다시 새기게 되었다.

날 일으켜 준 동료 선생님

지금은 12월 맨 끝자락, 이 글을 쓴 지 한참이 지나 마감 일자가 되어 다시 글을 들여다보니 부끄럽다는 생각이 든다. 뭘 그리 잘했다고 이리 길게 썼나.

올해 12월은 나를 참 겸손하게 만든다. 한 해가 잘 마무리되고 있다고 생각했는데, 유난히 아이들 간에 큰 싸움이 많이 일어났고 칠판에는 우리 반 누군가가 지울 수 없는 엄청난 스크래치를 남겼으며, 아이들은 검정 패딩을 단체로 입고 다니며 내가 들어갈 수 없는 자기들만의 세상을 만들고 있다는 느낌이 들었다. 수업은 혼란스러웠고 교실은 어지러웠다. 내가 뭔가를 잘못한 듯한 느낌에 사로잡혔고, 그간의 고생들이 부질없게 느껴져 맘이 참 힘들고 외로웠다.

그때 동료 선생님이 날 위로해 주고 잡아 일으켜 주었다. 나의 어두운 얼굴 표정을 읽고 따뜻한 차와 음악으로 마음을 풀어 주었다. 삶에 힘이 되는 지혜로운 말을 해 주었고, 다시 일어설 수 있는 용기를 주었다. 내가 이 글의 제목을 '흔들렸지만 쓰러지지는 않았다'라고 지을 수 있었던 가장 큰 이유가 되었다.

나는 인복이 참 많은 사람이다. 나의 고민을 들어 주고 눈물을 내보일 수 있으며 자신의 품을 기꺼이 나눠 주는 친구와 동료 교사가 내 옆에 있음에 한없이 감사하다. 그들처럼 나도 누군가에게 의지가 되고 따뜻함을 나눌 수 있는 사람이 되고자 한다. 그러려면 내 내면을 먼저 단단히 채워야겠지. 아니다 그것도 욕심이다. 그저 지금 있는 그대로 내보이고 내어 주어야겠다.

기회의 땅, 소담초

많은 교사들이 세종을 기회의 땅이라고 말한다. 학교가 많이 세워지기 때문에 승진 기회가 그만큼 많다는 의미이리라. 그러나 내가 말하는 기회는 그런 것이 아니다. promise! 본질에 충실하라!

혁신학교 소담초에서는 교사가 자율성을 갖고 교육과 관련해 무엇이든 마음껏 하고 싶은 일을 저지를 수 있다. 영역도 다양하다. 학년 전문적학습공동체를 통해 교육과정의 판을 새로 짤 수 있고, 두레를 통해 수업, 평가, 생활지도 등 자신이 원하는 분야에 참여해 학교 체계의 씨실과 날실을 짤 수 있다. 어디 그것뿐인가. 교사 동아리에서 운동, 음악, 미술 등 잡기를 익힐 수도 있고, 지금 나처럼 학교에서 내는 책에 집필진으로 참여하여 글을 쓸 수도 있다. 아, 어쩌다 방송에도 출연했다! 다 소담이라 가능한 일이었다.

기회의 땅 소담초. 나와 선생님들이 교사로서 자신의 역량을 키우고, 만나는 아이 한 명 한 명에게 진실하며, 교사 이전에 한 인간으로서 성숙할 수 있는 기회를 충분히 누리기 바란다.

앞으로 가능성 덩어리 소담초에서 내 삶과 우리의 삶, 더 나아가 소담초의 모습은 어떻게 펼쳐질까. 당연히 많이 흔들리고 넘어지겠지. 그러나 함께 어깨동무하고 서로 품 나누며 쓰러지지 않기를 바란다. 인생사 버티는 쪽이 이기는 거니까.

아자! 아자! 소담초 파이팅!

7장

오늘도 레벨 업(Level Up)!

소담살이 2년 차 박은혜

이렇듯 우리 학교는
스스로에게 질문을 던지고
성찰하고 고민하게 만드는 학교다.
그래서 지금도 레벨 업(Level Up) 중이다.
다음에도 혁신학교를 희망할지 묻는다면,
그래도 혁신학교에 지원할 거라고 대답한다.
재미있다.
이렇게 스펙터클하고
드라마틱한 학교가 어디 있을까.
매일매일이 새롭다.

말하는 대로

본격적인 봄의 시작을 알리는 4월. 식목일 다음 날 떠난 봄 소풍은 정체 모를 작은 벌레들과 밥 안 먹고 버티는 아이와 실랑이하느라 힘들었다. 피곤한 몸과 마음을 이끌고 학교에 와서 평소대로 교장 선생님께 보고를 했다.

"4학년 다솜, 라온, 마루반 봄 현장체험학습 안전하게 잘 다녀왔습니다."

"오늘 혹시 일찍 조퇴해?"

"아니요. 애들 학원 시간 때문에 일하고 갑니다."

"잘됐다. 부장님을 위한 선물을 준비했어. 전화하면 내려와요."

선물? 궁금했지만 교실로 올라가 못다 한 교실을 정리했다. 학년부장이랍시고 교실 정리를 차일피일 미루고 있었기 때문이다. 쌓아 놓은 서류를 이참에 정리하니 마음이 나아진다.

그때 풍겨 오는 맛있는 냄새. 학부모 요리 동아리 소담부뚜막 아니면 방과 후 요리부가 기름진 음식을 만드나 보다. 허기가 졌다. 그냥 집에 가고 싶다.

그때 울리는 인터폰 소리.

"선생님, 교무실에 파전 드시러 오세요."

교장 선생님의 선물은 파전이었다. 선생님들이 교무실 정담터에서 파전을 부치고 있었다. 주인공이 왜 이렇게 늦었느냐며 구박 아닌 구박을 하신다.

지난 3월. 학년에 강낭콩을 키울 텃밭이 필요해 요청을 했었다. 다른 학년부장님들과 학교의 텃밭을 정하러 학교를 도는데, 쪽파 밭이 있었다. 가져가서 반찬 해 먹으라는 인심 좋은 교장 선생님의 말에 내가 던진 한마디.

"교장 선생님이 파전 부쳐 주시면 안 돼요? 오징어랑 새우 사 오겠습니다."

그 말 한마디가 오늘의 고마운 선물이 됐다. 내가 한 말이 생각나 아침부터 파를 다듬었다는 교장 선생님. 봄소풍으로 꿀꿀한 기분이 뜻밖의 선물로 즐거운 마음과 치환되는 순간이었다. 그래도 막걸리와 오징어는 조금 아쉽다.

대전에서 부부 교사를 하고 있었기에 세종은 별 관심의 대상이 되지 못했다. 대전의 어느 동네로 정착을 해야 하는지 걱정은 있었지만, 그 범위에 세종은 없었다. 공무원 임대 아파트의 계약이 끝나는 시기가 정착지를 결정하는 순간이 되리라고 생각했다.

어느 날, 남편이 근무지 교장, 교감 선생님과 산악자전거 모임을 시작했다. 150만 원짜리 산악자전거를 사면서 10킬로미터의 출근길을 자전거로 출퇴근하겠다는 말도 안 되는 다짐이었다. 나한테도 자전거를 사 줬다. 2012년에 딱 한 번 그 자전거로 세종시에 간 적이 있다. 허허들판에 아파트만 덩그러니 있던 그런 이상한 도시 세종이었다. 지금의 세종은 그에 비해 환골탈태 수준이다. 오는 길에 들른 모델하우스에 반해 다음 정착지를 분양 아파트로 정했다. 그때도 역시 세종에 정착하겠다는 생각은 없었다.

시간이 흘러 2013년에 둘째를 낳고 육아휴직을 했다. 그때 아들의 어린이집 학부모 중에 세종에 사는 엄마가 있어 세종시 카페에 간 적이 있다. 하지만 그때도 역시 세종은 관심 밖이었다.

2016년 9월 복직을 앞두고 아이 둘을 어린이집에 보낸 시간 '에듀티니 원격연수원', 세종시 국립도서관, '페이스북'을 만났다. 결정적으로 세종시로 전출 온 '지니 정유진샘'을 알게 된다. 그 당시 여러 책을 읽었는데 『이부영의 혁신학교 이야기』, 『지니샘의 행복교실 만들기』, 『배움의 공동체』, 『교육사유』 등이 기억에 남는다. 그리고 '배움의 공동체' 관련 연수를 듣게 되었고, '배움중심수업'을 접하게 된다.

오랜만에 배움의 즐거움을 느꼈다. 복직 전 6개월은 반성과 새로움을 계획하는 시간이었다. 교과서가 신이라고 생각했고, 공부를 못하는 학생들은 열심히 하지 않아 그렇다고 생각했다. 가정환경이 좋지 않은 문제 학생에게 교사가 해 줄 수 있는 게 없다고 생각했다. 권위적인 학교 분위기에는 원래 학교생활은 이런 것이라며 순종적으로 살아갔다. 무지에 대한 처절한 반성이었다. 다시 학교로 가면 그러지 말아야겠다고 다짐했다. '세월호 사건'도 그 다짐에 한몫했다. 민주적인 학급과 수업으로 달라지는 학교, 성장과 변화를 위한 교사 연대를 꿈꿨다.

내가 꾸는 꿈을 세종시 교육청이 함께 꾸고 있었다. '생각하는 사람 참여하는 시민'이라는 지표가 마음에 들었다. 변화를 느끼지 못하는 대전에 비해 세종은 변화로 술렁이고 있었다. 세종으로 떠나야겠다고 생각했다. 남편을 붙잡고 이런 이야기들을 했다. 그런데 나만 가라고 했다. 여태까지 쌓은 인맥과 승진을 위해 달린 시간들을 포기할 수 없다는 이유였다. 남편의 간절함을 알기에 떼를 쓸 수 없었다. 결국 포기하고 대전의 교육 문화를 바꾸는 데 앞장서야겠다고 스스로를 달랬다. 하지만 대전을 바꾸겠다는 그 생각도 복직 후 바로 접혔다.

내가 간 학교는 1980년대 학교 같았다. 교사들은 오후마다 나와서 학교의 벽화를 완성하고, 교감이 하고 싶은 배구 동아리와 오카리나 동아리를 위해 전 교사가 1인 1동아리를 한다. 생활기록부를 써야 하는 바쁜 시기, 그래도 우리는 행복해야 한다고 모여 윷놀이 판을 벌이는데 전혀 행복하지가 않다. 전국체전에 나가는 한 명의 아이를 위해 대회를 나가기 전 전교생이 운동장으로 나가 그 한 아이를 응원한다. 예체능 시험을 위해 페이퍼를 만들어 애들을 달달 외우게 시켰다. 지금이 도대체 21세기가 맞나 싶었다. 더 답답한 것은 침묵하는 다수의 선생님들이다. 어차피 말해도 불통이다. 그냥 시키는 대로 하는 게 편하다. 그런 분위기에 나 역시 미움받을 용기가 없었다.

민주적인 학급을 위해서 고민하고 교과서 재구성도 하며 새벽마다 수업 준비를 했는데, 학급에는 문제가 생겼다. 화가 나도 나를 다스리며 최대한 친절해지려고 했다. 학급의 아이들은 처음엔 친절한 선생님이 좋다고 했다. 하지만 점점 변한다. 자신의 욕망을 들어 주지 않는다며 선생님을 미워한다. 행복교실이라는 공부 모임에서 공부를 하며 나름대로 노력했지만 뭔가 잘못되고 있었다. 남자애들이 떼로 몰려다니면서 말을 듣지 않고 수업을 방해했다. 여자애들은 친한 척하며 계속 싸웠다. 수업 시간에도 자기들끼리 욕을 하면서 싸웠고, 학급에 있는 매우 느린 친구들과 장애 아이를 괴롭히면서 그 아이들이 자신들에게 피해를 주었기 때문이라고 했다. 그것을 잘못이라고 말하는 나에게 차별을 한다고 했다.

발령 이래 최대의 고비였다. 나름 학급운영, 수업, 업무, 학부모와의 관계에서도 자부심이 있었다. 복직 전 별문제 없는 교직생활이었다. 이게 그 말로만 듣던 교실 붕괴인가 보다. 교사 커뮤니티에 가니 수많은 선생님들이 이런 어려움에 서로를 위로하고 있었다.

결국 교장, 교감, 생활부장에게 도움을 청했다. 남자애들은 결국 권위적인 힘에 눈치를 보게 되었고, 무서운 생활부장에게 불려가더니 순해져 그럭저럭 하루를 버티며 1년을 겨우 마무리했다. 오죽했으면 그 당시 참여한 노래 만들기 연수에서 지은 노래 제목이 '샤랄라 뚜비바 오늘도 버티자'였겠는가. 그 애들도 나름 얼마나 힘들었을까 생각해 보면 미안한 마음이 든다.

2017년 2월 세종으로 왔다. 살아 보고 싶었던 강변아파트에 전셋집을 구했다. 혁신학교에 대한 막연한 동경이 있었는데 마침 소담초등학교에 발령이 났다. 호감을 가지고 있던 학교에 발령을 받아서 신기했고 대학교 선배도 만나게 되어 신기했다. 6학년을 지원했는데 6학년 선생님이 됐다. 세종으로 온 2월에는 말하는 대로 다 되었다. 1년을 잘 버틴 나에게 주는 선물 같았다. 그리고 소담초등학교는 말하는 대로 교육과정을 운영할 수 있는 학교여서 신바람이 났다. 새 희망이 넘실 거렸다.

만들어 가는 교육과정

교육과정을 준비하는 2월, 3일 동안의 워크숍에서 6학년 선생님들을 처음 만났다. 빨간 패딩 점퍼를 어깨에 걸친 30대로 보이는 남자 부장님과 어려 보이는 여자 선생님이 동학년이라 했다. 서로 인사를 하고 나이를 알아보니 부장은 27살이고 여자 선생님은 25살이란다. 10년이나 차이 나는 어린 선생님들이 신기해서 눈을 끔벅거렸다. 일정 연수도 안 받은 선생님이 6학년부장이라는 사실에 한 번 더 놀랐다. 어리바리한 나에 비해 젊은 선생님들은 노련했다. 학교 사정에 대해 소상히 알려 주고 6학년 교육과정을 정할 때도 정리를 잘해 줬다. 뭔가 다르다고 생각하며 옆에서 잘 배우고 지원하기로 했다.

6부장은 학년 일도 많을 텐데 학생 방송부 운영까지 한단다. 옆 반 선생님은 전교 학생다모임을 맡고 있단다. '학교가 젊은 사람들한테 일 시키는 분위기인가?', '이래도 되나?' 하고 생각했었는데 자신들이 할 수 있단다. 왠지 미안한 마음이 들었지만 학년 총무와 연구실 그리고 학년 교실마실(학년 학습공동체) 정리를 담당하기로 했다. 완전 꿀이다.

소담초는 온작품 읽기를 한다. 그래서 연수도 받고 온작품을 중심으로 교육과정을 재구성했다. 셋 다 하고 싶은 것도 많고 아이디어들도 많아 신나게 교육과정 재구성을 했다. 부장님이 잘 이끌어 주어 출발이 좋다. 그러다가 부장님이 쭈뼛거리며 솔깃한 이야기를 꺼낸다.

"여기 온작품 읽기 책에 나오는 장면처럼 학급별로 수학여행을 떠나면 어떨까 하는 생각을 했습니다. 학생들이 직접 기획하고 평가해 보는 시간을 만들고 싶습니다. 하지만 가정이 있는 분도 있고, 부담스러우시다면 접겠습니다."

어? 속으로 부담스럽긴 했다. 학급별로 수학여행을 추진해서 간다니. 굳이 그런 일을 하는 교사는 처음 봐서 낯설었다. 다 같이 한곳으로 가면 편한데.

예전에 6학년을 한 번 했었다. 그때는 학년부장님이 전체 기획하고 바쁘게 돌아다녔던 기억이 난다. 그런데 학급별 여행은 옛날부터 기회가 되면 한번 해 보고 싶다고 생각한 버킷리스트 중 하나다. 그래서 하자고 했다. 젊은이들도 한다는데 내가 못할 게 뭐람? 도전!

젊은 사람들과 일하니 정말 에너지가 넘친다. 나에게는 신선한 경험이었다. 첫 만남부터 우리는 큰일을 작당했고, 온작품 선정부터 수학여행 계획까지 일사천리로 진행했다. 1학기가 기대되었다. 우리가 만드는 수학여행은 어떤 모습일까? 펜션 빌려서 바비큐도 해 먹을 수 있을까? 온작품 읽기는 어떤 식으로 진행될지 기대된다.

첫 프로젝트는 『청소녀 백과사전』으로 진행된 성장 프로젝트다. 주제는 면담과 소설이다. 사춘기와 이성교제를 시작한 6학년들에게 맞춤형 프로젝트다. 부모님의 연애 시절을 알아보기 위한 면담 설문지를 직접 만들고, 면담 태도는 부모님이 직접 평가해 주셨다. 자신의 이야기를 꺼내기 불편해하는 친구들도 있었는데 허구라는 포장지를 주니 해결되었다. 소설의 인물, 사건, 배경을 잘 살려 작품을 완성했고, 그 작품들은 한 땀 한 땀 삽화까지 그린 단편소설집이 되어 문집으로 아이들의 두 손에 남았다.

두 번째 프로젝트는 『방학탐구생활』로 진행된 여행 프로젝트다. 석이란 친구의 방학 모험 여행기를 그린 이 소설은 아이들의 꿈틀거리는 욕망을 자극했다. 수학여행을 어디로 갈 것인지가 6학년 1학기의 중요한 화두였다. 나의 로망은 가람반의 카라반[1] 여행이나 나리반의 펜션 여행이었지만, 우리 반은 격렬한 토의 끝에 편한 여행 코스로 짰다. 교육을 위한 박물관 투어도 함께였다.

우리 반 아이들은 편한 것을 원했다. 7월 둘째 주, 더우니까 실내로, 노는 것을 위주로. 그래서 주장한 두 가지 플레이스는 꿈의 롯데월드와 환상의 나라 에버랜드다. 서로의 플레이스를 채택하기 위한 토론 배틀이 벌어졌다. 논거를 가장 많이 대는 팀이 이기는 디베이트 토론(?)을 시작했다. 숙소 자료 조사와 코스 정하기의 긴 마라톤 회의가 이어졌다. 매일이 회의의 연속이었다.

결국 환상의 나라 에버랜드가 꿈의 롯데월드에 패했다. 그 와중에 수업에 소극적이던 친구가 적극적으로 변하는 모습을 보았다. 자신이 열심히 조사하여 낸 주장이 무려 수학여행지로 결정되니 뿌듯함이 하늘을 찌른다. 속으로 기특하다고 느끼면서 작은 성취감에 의기양양해 하는 아이들의 모습이 6학년임에도 불구하고 정말 귀여웠다.

그런데 문제가 생겼다. 같이 수학여행 스케줄을 짜는데 롯데월드

---

1. 카라반과 펜션은 안전 확인이 어려우니 따라 하지 마세요.

문 여는 시간인 10시에 가서 문 닫는 시간인 10시까지 있자고 한다. What? 12시간이나 놀이동산에서 논다니 있을 수 있는 일인가? 의견을 최대한 듣고자 다른 방법을 찾았다.

우선 호텔에 전화를 했다. 11시에 체크인하고 들어가려는데 괜찮습니까? 네, 그냥 조심히만 오시면 됩니다. 실패다. 수학여행 조정위원회에서 계획 발표를 하며 이런 계획인데 괜찮겠느냐고 물었다. 다들 좋다 한다. 실패다. 그렇게 어쩔 수 없이 첫째 날 일정은 12시간 동안 롯데월드에서 놀기를 실행한다. 애들은 지치지도 않고 야간 퍼레이드에 불꽃놀이까지 본 것이 기억에 남는다고 또 가고 싶어 했다. 남학생 8명, 여학생 8명으로 16명이라 조촐하니 반별 여행으로 괜찮았다. 수학여행 만족도가 매우 높았다.

관련하여 실과 용돈 교육과 더불어 건강한 외식에 대한 수업도 진행했다. 치킨이나 라면에는 나트륨이 많아서 좋지 않으니 건강한 외식을 하자고 이야기하고 식단도 짜 보았다. 수학여행 둘째 날 조식을 빼고 모두 자신의 용돈으로 외식을 하니 용돈기입장을 실과 수행평가로 정했다. 하지만 건강한 외식은 없었다. 인간은 쾌락의 동물인가. 아이들은 이런 말로 위안을 삼았다.

"하루 정도는 치킨 먹어도 괜찮아요. 치킨 빠지면 섭섭하죠."

"이런 날은 라면 정도는 먹어 줘야 합니다."

교직생활 10년 만에 충격이었다. 수학여행 점심식사 메뉴가 왕뚜껑이라니. 아이를 키운다고 웰빙식에 익숙해지며 저절로 끊었던 컵라면을 수학여행에서 먹게 될 줄이야. 용돈 수행평가는 만점이었다. 얼마나 아껴 쓴 애들이 많은지.

수학여행이 끝나고 기행문 쓰기까지 평가하니 프로젝트가 끝났다. 1학기도 끝이 났다.

2학기에는 나리반 선생님의 아이디어로 주제를 '평화'로 잡고 온작품을 골랐다. 위기철의 『무기 팔지 마세요』가 선정되었다. 아동문학의 스테디셀러인데, 좀 황당한 스토리 전개가 의외였으나 장난감 총으로 시작된 미국 총기 반대 모임은 평화를 논하기에 충분한 소재였다. 미국의 총기 사건과 관련하여 수업을 진행하고 인상 깊은 장면을 선정해 뉴스 영상 만들기를 했다. 우리 반 전체가 역할을 맡고 프로듀서가 돼서 시나리오부터 촬영, 편집까지 프로젝트로 진행했다.

아나운서, 촬영감독, 시위하는 사람들, 인터뷰 학생들 우리 반 모두가 협동해서 하나의 뉴스를 만드는 시간이 의미 있었다. 우리 반과 다르게 가람, 나리반 아이들 뉴스도 각 반의 개성이 묻어났다.

무엇보다 놀란 일은 우리가 했던 이 프로젝트 내용이 아이들 졸업 후에 실제로 미국에서 일어났다는 것이다. 신기하게도 2018년 3월 25일 미국 고등학생들을 중심으로 총기 반대 시위가 일어났다. 우리가 함께했던 프로젝트의 경험으로 아이들에게 이런 기사를 관심 있게 읽을 수 있는 문해력이 만들어지지 않았을까 내심 기대하며 SNS 친구인 아이들 몇 명에게 소식을 전했다.

내가 낸 아이디어를 교육과정에 녹이기도 했다. 일명 정치 시뮬레이션이다. 6학년을 할 때 어떤 선생님의 학급운영 방법을 벤치마킹해서 학급 법원을 운영한 적이 있었다. 억울한 일이 있으면 학급 법원에 고소를 할 수 있고, 회장이 판사를 맡고 부회장이 변호사를 맡아서 배심원 판결로 문제를 해결했다. 아이들이 재미있어했고, 자신의 억울함을 공개적으로 논의하니 갈등 해결에 효과적이었다. 다만 매일 고소당하는 애가 정해져 있었던 점은 안타까웠다.

사회 정치 단원과 연관해 대통령과 각 부서 장관으로 구성된 행정부와 학년 규칙을 입법하는 국회의원으로 구성된 입법부, 억울한 일을 정의의 이름으로 풀어 주는 사법부까지 6학년을 하나의 나라로 세우는 거대한 프로젝트였다. 사실 내 아이디어지만 정리가 잘 안 됐었는데 동학년 선생님은 위대하다. 함께하니 이루어진다.

우선 나라 이름을 '다나가 나라'로 정했다. 뜻은 어이없게도 '우리 빼고 다 나가'라는 것이고, 다솜, 나리, 가람이라는 뜻도 있다고 억지로 끼워 맞춘 듯했지만 투표로 정하고는 좋단다.

인기 있는 직업은 당연 대통령이었다. 대통령 선거는 기표소와 선거관리위원회까지 만들어서 제대로 비밀투표를 했다. 국어 시간에 나오는 연설문 쓰기와 연관해 연설 준비를 철저히 시켰다. 의외로 비인기였던 국회의원 선거는 금방 끝이 났고, 변호사, 판사, 검사도 인기가 좋아 뽑기 어려웠다. 학년 예산이 있어 각 부서 장관들에게 예산을 주고 학년 말 '6학년 축제'를 기획하게 했다.

우리끼리 하는 피구에서는 체육부 공무원들의 활약이 컸다. 심판도 다 보고 경기 규칙도 정하고 자치적으로 운영했다. 공연도 열고 피자도 먹고 영화도 보았다. 이때 영화 장르가 세 가지였는데 공포, 액션, 드라마였다. 담임 중 누구도 공포영화를 상영하기 싫다며 결국 가위바위보를 했다. 으악, 내가 걸렸다. 우리 반에서 공포영화를 볼 줄이야. 평가회 때 기간이 짧았다고 아쉬워하는 친구들과 피고가 없어서 재판을 한 번밖에 열지 못했던 우리 사법부 아이들의 모습이 눈에 선하다(재판을 한 번 열더니 너무 부끄럽다고 바로 사과하고 고소를 하지 않고 합의로 끝났다).

마지막 프로젝트는 대망의 졸업식이다. 졸업식 딱딱하게 하면 너무 식상하다. 요즘 유행하는 '주례 없는 결혼식' 같은 분위기의 졸업식. 아이디어 회의를 시작했다. 학년부장이 '1학년부터 6학년까지 성장을 나타내는 그런 졸업식 뭐가 없을까?'라고 운을 띄웠다. 미션 클리어를 해 보면 어떨까 하는 아이디어가 나왔다. 그러다가 갑자기 롤플레잉을 해 보면 어떻겠냐는 아이디어로 꼬리를 물었다. 게임을 사랑하는 우리는 미션 퀘스트를 수행하면 레벨 업을 하고 미션 퀘스트를 수행해야 졸업식장에 들어갈 수 있게 하자는 신박한 아이디어를 최종 결정했다. 능력자 나리반 선생님이 만든 미션지는 게임 속에 들어와 있는 듯한 착각을 불러일으킨다.

가슴이 두근대기 시작했다. 엄청난 계획이다. 기획회의 때 이야기하니 감사하게도 모든 선생님이 도와주신다고 했다. 1학년은 받아쓰기, 2학년은 곱셈 문제, 3학년은 교실에서 찾은 희망 춤추기, 4학년은 팔씨름, 5학년은 큐알코드로 지령 받기, 6학년은 선생님 웃기기가 그 미션이다.

1학년 미션 받아쓰기를 틀린 6학년은 '1학년들 어려운 걸 배우는구나. 대단하다'고 말하며 자신은 2개 맞았다고 훈장처럼 말하기도 한다. 3학년 교실에서 춤추는 동영상을 선생님이 보내 주셨는데 귀엽다. 팔씨름도 누가 누구를 이겼다며 할 얘기가 많단다. 마지막으로 담임선생님 웃기기는 거저다. 우린 참 잘 웃는다. 졸업식으로 간 아이들은 마지막 수업을 했다.

1교시부터 5교시까지 마지막 수업이라는 이름으로 졸업식을 하면서 하교 시간에 끝내 눈물이 터졌다. 그렇게 6학년은 끝이 났다. 학교에서 우리가 하고 싶었던 교육활동에 대해 믿음을 주셨다. 학부모님들도 6학년 담임선생님들이 벌이는 여러 가지 작당에 대해서 열린 마음으로 지켜보며 지지해 주셨다. 순환 수업으로 생활지도를 함께하고, 목요일 교실마실 시간에 서로 아이디어를 내며 수업을 공유하고 함께한 시간들이 좋았다. 교실을 열고 교육, 수업에 대한 이야기를 함께할 수 있어 더 좋았다. 그렇게 2017년 한 해의 교육과정이 완성되었다.

최근 안타까운 소식을 들었다. 졸업한 6학년 학생들이 시도 때도 없이 건의를 하거나 이렇게 하고 싶다는 이야기를 하며 나서는 바람에 중학교 선생님들에게 많이 혼났다고 한다. 학기 초에 많이 힘들어하고 초등학교로 돌아가고 싶다는 이야기를 자주 했다가 요새는 그래도 적응을 하고 잘 다닌다고 한다. 다행이긴 하지만 자율을 많이 주는 우리 학교에서 배웠기 때문이다. 중학교 가기 전에 삶을 사는 지혜를 가르쳐 주어야 하는 건가? 갑자기 딜레마에 빠졌다.

즐거운 함께 배움

복직하기 전 배움의 열망이 피어올랐다. 사토 마나부의 『배움의 공동체』와 정성식의 『교육과정에 돌직구를 던져라』를 보며 교직에 대한 고민들을 했었다. 수많은 지표가 미래의 삶에 꼭 필요한 키워드는 '연대'와 '공동체'라고 말하고 있었다. 함께 공부하기 위한 교사 학습공동체에 들어가고 싶었다. 함께 배우고 실천하며 나누는 삶을 살고 싶다고 생각했다.

하지만 일하며 어린아이를 키우는 워킹맘에게는 자유로운 시간이 허락되지 않았다. 내가 다니는 학교에 그런 모임이 있으면 얼마나 좋을까? 돌직구 책에 '수업 나눔'에 관한 이야기가 나와 온라인으로 여쭤 본 적이 있었다. 커피를 많이 마시라고 했다. 1:1로 만나 이야기하고 설득하고 자기 교실의 수업부터 열었다고 했다. '3의 법칙'이라 했던가. 같이하는 사람 3명만 있으면 무엇이든 할 수 있다는 조언들도 있었다.

소담초에는 여러 교사학습공동체가 있다. 그중 매주 목요일에 하는 '교실마실' 시간에 학년의 학급운영, 생활지도, 수업에 관한 이야기가 활발하게 펼쳐진다.

2018학년도 4학년 첫 모임의 시작은 2월이었다. 바쁜 3월을 대신해 미리 모였다. 교사들은 학교 걱정으로 시작해서 학생 걱정으로 이야기가 끝난다고 했던가. 아니면 구글 회사처럼 경직된 곳이 아닌 자유로운 분위기의 환경 때문이었을까. 이날 1년 교육에 대한 로드맵이 나왔다. 그날의 소회를 옮겨 본다.

동학년 전문적학습공동체의 단상 - 작년 6학년부터 우리는 교육에 대한 이야기를 많이 하는 분위기였다. 회의로도 많이 하고 밥 먹으면서 술 먹으면서 차 마시면서 시도 때도 없이 한다. 아이디어는 자유로운 분위기에서 농담을 주고받다 갑자기 툭 튀어나온다.

오늘은 우리의 2018학년도 4학년 첫 회식이었다. 3월에 하면 바쁠 것 같고 2월에 열흘이나 모이기도 하고 해서 오늘 하기로 제안했다. 2월 23일 (금)요일.

우리 학년에 '빛나'님이 계신다. 저번에 친구들과 만난 이태리 식당 '빛나'. 이름이 같아 특이해 학년 밴드에 소개했다. 멀어서 못 갈 줄 알았는데, 결국 말하는 대로 가게 되다니. 말하는 대로 이루어지는 미(美)친(親) 4학년. 가는 데 40분이 걸렸다. 띠옹!

밥 먹을 때는 잡담을 했지만 차를 마시며 아이디어들이 쏟아진다. 신선한 아이디어들이 파닥거린다. 학년 연구실도 자유로운 분위기로 테이블이랑 조명부터 바꿔 주소!

우리 학년에는 역할 분담을 적절히 시켜 놨는데 다음과 같다.

학년이 방향을 잃지 않도록 해 주시고 태만한 마음을 찔러 성장할 수 있도록 도와주시는 선구자님. 회의를 할 때마다 핵심을 정리하고 기록하는 스마트한 기록이님. 어떤 아이디어든 실물과 학습 자료로 만들어 주는 학습 자료 메이커님. 물주로 재산을 관리해 주시는 총무님. 다양한 잡다한 일과 학교와 학년, 학급을 소통시켜 주는 가교 역할의 나. 벌써 많이 습득이 되어 그런지 아이디어 나오니 바로 메모하는 기록이와 이렇게 만들면 되겠다고 구체적인 구상이 끝난 메이커와 정리를 파바박 해 주시는 선구자님과 회식이 끝나고 정

산과 계좌번호를 칼같이 던져 주는 총무님의 그 모습은 감
동 그 자체였다.

　　깨달음: 이래서 창의적 학년 운영을 위한 학년 협의회비는
매우×100 중요하다는 학교 예산 운용의 핵심.

그때부터 시작된 학년 전학공으로 1년 동안 많은 공부를 했다. 11월
의 어느 날, 교육청 혁신과에서 주최하는 '전학공 성장 나눔의 날'에
참여해 우리가 공부했던 사례를 나누었다. 처음에는 막막했던 일들이
서로 함께 배우고 나누니 쉬워진다.

이는 학년 선생님들의 자발성과 열정 그리고 '교실마실'이라는 보장
된 시간이 있었기 때문에 가능했다. 또한 경력자 선배의 노하우를 배
우고 서로에게 묻고 함께 발전시켜 가는 형태의 전학공이 내실 운영의
비밀이었다.

학기 초 '정글에서 살아남기' 학부모 공개수업의 경우, 아이디어는
고경력 교사가, 내용을 변형하고 채우는 역할 그리고 학습 자료 제작
등은 저경력 교사들이 했다. 다양한 세대 구성의 학습공동체는 운영
의 내용을 풍요롭게 한다. 성공 경험이 쌓이고 수업을 보는 안목들이
넓어졌다. 공동수업안으로 수업하고 성찰일지를 쓰고 나누면서 자신
을 성찰하는 기회를 가졌다. 이 모든 것들이 교사의 내적 성장으로 이
어졌다.

무엇보다 모든 것이 퇴근 시간 안에 가능하다. 수업 준비를 한다고

구분	내용	기간	특징
수업 디자인	□ 핵심 질문으로 수업 디자인하기 • (도서) 하브루타 질문 놀이 • 핵심 질문 만들기, 핵심 질문으로 수업 디자인하기	4월 ~ 7월	
	□ 교수학습 모형 공부하기 • 1년에 한 교과 집중탐구: 2018 국어과 • 현재까지 공부한 모형 　- 반응 중심 모형 　- 토의·토론 모형 　- 창의성 계발 모형 　- 직접 교수 모형 　- 지식 탐구 모형 • 흐름: 이론 공부 → 공동수업 디자인 → 수업 → 성찰일지 → 수업 나눔 → 과정안&수업 자료 수정 → 자료 공유(학교 내외)	9월 ~현재	비경쟁 토론 모형 구안 (박주용) ↓ 세종 초등 독서토론 한마당에 적용
	□ 정글에서 7일 살아남기: 1학기 학부모 공개수업 • 목표: 교사의 전문성으로 학부모를 압도하는 수업	4월 ~5월	학부모 참여수업
	□ 전차의 딜레마: 가치토론	1학기	
	□ 공유지의 비극: 2학기 학부모 공개수업	9월	
	□ 교사가 만드는 미술 교과서: (자료 집적) 캘리그래피, 서예, 한지 등	3월	최지원 김영국
배나주 프로젝트	□ 배움공책 제작 • 하루 공부 다지기(복습) + 하루 세 단어(사전 찾기)+ 온작품 읽기 (작품 감상평) □ 배나주 캐릭터 디자인 공모 • 선정된 학생 작품으로 2학기 배움공책, L자 파일 표지 활용	연중	
	□ 온작품 읽기: (소설) 아토믹스 / 방사능피해+SF+가족애	1학기	
	□ 온작품 읽기: (소설) 귓속말 금지 구역 / 학교폭력	1학기	
	□ 온작품 읽기: (문화사) 재미있는 의식주 이야기	1학기	
	□ 온작품 읽기: (영화) 인사이드 아웃 / 마음 통제, 슬픔의 따뜻함	2학기	
	□ 온작품 읽기: (소설) 랑랑별 때때롱 / 과학 발전, 자연 파괴, 생명 존엄	2학기	권정생 판타지
	□ 온작품 읽기: (시집) 팝콘 교실 / 유쾌하고 정직하게 교실을 그리다	2학기	
	□ 온작품 읽기: (그림책) 꽃을 선물할게 / 생존의 자격	2학기	
	□ 온작품 읽기: (그림책) 마레에게 일어난 일 / 치매, 죽음	준비 중	

9~10시까지 남아 가면서 일하는 모습이 비일비재했던 학교다. 이를 변화시키기 위해 '퇴근 전에 혁신하자'라는 분위기를 만들려고 노력했다. 일의 우선순위와 효율적인 시간 활용법을 연구하며 워라밸(일과 삶의 균형) 지키기를 번외 편으로 실천했다. 나는 부장으로 교실마실에서 정해야 할 학년 안건을 정리하며 시간 분배에 공을 들였다.

이런 집중과 선택은 삶의 질을 높여 준다. 게으른 사람이라 가성비를 중요하게 생각한다. 모든 사람의 시간은 금이다. 워킹맘의 시간은 더 그렇다.

2018년 4학년의 1년이 참 빠르게 지나갔다. 함께 1년을 돌아보면서 나눈 이야기들을 담아 본다.

▶ 학년 목표: 배우다, 나누다, 주인공이다
1. **달팽이 걸음** 실내에서는 걸어 다니는 원칙에 따라 생활한다. 걸어 다니지 않았을 경우에는 반성문 125자를 쓴다. 첫 한 달 동안은 반성문 쓰는 아이들이 매우 많았고, 학부모들의 민원들도 많았으나 습관화로 정착되면서 모두가 걸어 다니는 문화를 형성하였다. 수영 교육을 가서 수영장에서 뛰어다니지 않으니 좋다는 수영장 측의 칭찬을 듣는다. 뛰어다니는 저학년 학생들에게 "걸어 다니자"라고 말하는 선배가 되다.
2. **스포츠클럽(2주에 500g)** 4학년에 춤바람을 불러일으키다. 조쉬&바비 '2주에 10kg' 유튜브 동영상을 보면서 춤을 추기 시작했다. 땀을 뻘뻘 흘리면서 움직임 욕구를 채우다. 여름

방학 때도 가족과 함께 다이어트 댄스를 추며 관리를 하고 학년 오디션을 통해 뽑힌 팀은 강당 무대에 올랐다. 또한 축제 마라톤의 식전 행사로 4학년 전체가 운동장에서 함께 공연을 했다.

3. **학년 봄 체육대회** 강당에서 단체게임, 4학년 놀이공간에서는 전통놀이, 운동장에서는 발야구를 진행했다. 학급 담임 다섯 명과 체육전담교사까지 여섯 명이 세 팀으로 나누어 진행했다. 학생들이 공간을 돌아가며 다양한 프로그램을 즐기다. 5교시에는 평가회로 마무리. 만족도가 높았고, 학교의 공간을 넓게 쓸 수 있어서 좋았다.

4. **현장체험학습** 1학기 현장체험학습은 생태체험장에서 천연염색을, 2학기 현장체험학습은 자연미술학교에서 도자기를 빚었다. 새해 선물이 배달되기를 기다리고 있다. 자연과 미술이라는 테마로 1, 2학기 체험학습을 구성했으며, 뒤웅박 고을의 박물관 사업에 우리 학교가 단독으로 참여하게 되었다. 마을 학교 버스를 활용하고 공유자원 버스를 활용하여 학교의 예산을 아꼈다. 무료로 고추장을 만들 수 있는 '알콩달콩 장하다'에 4학년 모든 학급이 참여해서 만족도가 높았다. 그 외에도 시내버스를 타고 대통령기록관, 전자정보통신연구원(ETRI), 3D프린터 체험, 정부청사 옥상공원 등 지역사회를 활용한 다양한 체험학습이 진행되었다. 1학기에 복합 커뮤니티가 완성되지 않아 공공기관 체험을 가지 못한 것은 아쉽다.

5. **과학자 초청 강연** 대덕과우회 소속인 박성열 과학자가 학교에 와 주셨다. 세계과학자 인명사전에 등재, 융합기술센터장을 맡았던 박사님은 우리나라 과학 기술 발전에 큰 발자취를 남긴 분이다. 소담초는 과학 관련 행사가 별로 없어서 아쉬웠는데 학생들이 과학에 대한 호기심과 '4차 산업혁명'에 대한 이슈를 탐구해 볼 수 있었던 좋은 시간이었다. 사인을 받으려고 줄 서 있는 아이들의 모습이 귀엽다.

6. **배나주 프로젝트** 큰 프로젝트로 학년 캐릭터 공모전과 생명 프로젝트 그리고 배움공책이 주 골자다. 학년 캐릭터 공모전은 학생들이 직접 배나주 캐릭터를 디자인해 보고 학년 전체가 투표를 해서 선정된 작품으로 볼펜을 제작하기로 했었다. 디자인 강사와 협업하여 진행되었고, 학생들의 자발적 참여도가 높았다. 마루반 캐릭터가 선정되어 볼펜을 제작하려고 했으나 실제 볼펜 제작의 어려움이 있어 L자 파일과 배움공책을 캐릭터 상품으로 만들었다. 생명 프로젝트는 사회 교과와 관련되어 축제의 벼룩시장과 사회 경제교육을 결합하였다. 벼룩시장에서 번 수익의 기금 중 몇 퍼센트를 기부할 것인지 도덕 수업과 학급 다모임을 통해서 학급별로 결정하고 의미 있게 활동을 진행했다. 덤으로 팔기, 끼워 팔기, 박리다매, 영업하기 등 다양한 전략을 구사하며 경제활동에 참여했다. 선함이 전염되어 너도나도 수익금을 기부했고, 전 재산을 기부한 친구들도 있었다. 총 57만 8,650원의 거금을 유니세프에 기부했다. 사실 처음에는 생명의 빨대를

사서 보내려 했으나 적정 기술의 실패라는 기사에서 그 빨대를 뺏기 위해 폭력이나 살인이 일어난다는 기사를 읽고 처음 계획에서 변경된 부분이다.

7. **강낭콩 농사** 고구마도 모르던 애들이 고구마, 딸기, 수수꽃다리 등을 구분할 수 있게 되었다. 강낭콩을 심어서 다시 강낭콩이 되기까지 체험으로 배우다.

8. **온작품 읽기 6권** SF문학, 동시집, 비문학, 생활동화 등 다양한 장르의 책을 선정하여 독서교육을 활성화시키기 위해 노력했다. 다양한 교과와 연계해서 독서교육을 진행했고, 그와 더불어 비경쟁 독서토론도 활발히 진행되었다. 비경쟁 독서토론은 경쟁해서 이기거나 지기보다는 대안을 찾는 쪽에 초점을 맞춘 독서토론 기법이다. 학년이 공동으로 연구해서 학부모 공개수업 때 참여수업을 했는데 학부모들의 반응이 매우 좋았다. 그리고 누구나 참여할 수 있다는 점에서 매력적이다. 토론 주제는 '정글에서 살아남기', '공유지의 비극', '자율주행차의 딜레마', '전차의 딜레마', 아토믹스 '김 박사는 좋은 사람인가?', 귓속말금지구역 '바람직한 회장의 조건은?', 지엠오 아이 '유전자 조작을 계속 발전시키는 것이 바람직한가?' 등이 있다. 그 외에도 『아토믹스』 책에서 나오는 첨단 슈트를 직접 디자인하고 제작해 패션쇼를 열어 봤으며, 질문하기 수업이 좋았다.

9. **학년 수업나눔** 중간놀이시간을 활용해서 학년 선생님의 탤런트를 보고 협의회를 하는 과정, 국어 수업 모형을 탐구하

면서 공동수업안을 만들어 수업을 하고 성찰일지를 나누는 과정, 교육과정을 함께 짜며 프로젝트 수업의 교육과정 기획과 수업, 평가를 논하는 과정이 모두 의미 있었다. 이것을 1주일 1회의 모임으로 칼퇴를 하면서 만들었다는 것이 가장 좋은 결과이다. 무엇을 우선순위에 두는가에 따라 만들어 낼 수 있는 것이 많다. 작년 교육과정 운영을 위해 초근을 많이 했었는데, 2018학년도의 모토는 '퇴근 전에 혁신하자'라는 학년의 모토로 시간을 효율적으로 활용했다. 1시간의 공부로 함께 많은 것을 할 수 있다. 교실마실 때 회의 준비를 잘하여 회의를 30분 안에 끝내면 할 수 있다.

▶ 아쉬운 점

1. **마을 공동체 교육** 2월 계획은 음악에 나오는 '사물놀이' 부분에 학부모 동아리인 '소담풍물패'를 초청해서 협력 수업을 하는 것이었다. 하지만 2학기를 지내다 보니 시간이 그냥 흘러가고 말았다. 다음 4학년은 충분히 협력하여 할 수 있을 것이다. 그 외에도 학교에서 협력할 수 있는 학부모 능력자들이 많이 있다. 교육과정과 연계하여 어떻게 하면 진정한 마을공동체 활동이 될지 고민이 된다. 더불어 마을교사 수업을 신청해서 했었는데 아이들 수준에 너무 어려운 수업이 되어서 아쉬웠다.

2. **학생 동아리와 교실마실 협의 예산 부족** 1학기에는 학생 수요자 조사를 통해서 동아리를 운영했고, 2학기에는 선생님이 지

도할 수 있는 부분으로 동아리를 운영했는데, 모두 만족도
가 높았고 14시간만 하는 것을 아쉬워했다. 동아리 예산이
10만 원씩이어서 공예부나 컬러링부, 애니메이션 제작부 등
다양한 부서를 운영할 수 있었던 1학기에 비해서 새로운 반
이 늘어나고 전담교사의 투입으로 동아리 부서가 늘어났음
에도 동아리 예산이 없었던 부분이 아쉽다. 학년 운영비를
통해서 해결했지만 학생동아리 활성화를 위해서는 예산이
더 배분되어야 한다. 학년 운영비로 활용하라고 했으나 학
년운영비는 학생들을 위해서 써야 할 것 같은 압박감에 쓰
지 못했다. 선생님들의 활발한 토론 문화를 위한 윤활유로
간식을 지원해 주면 좋겠다.

3. **현장체험학습 및 온작품 선정** 학년별 겹치는 장소 조정이 미리
안 되어 부랴부랴 체험학습 장소를 바꾸다 보니 이미 좋은
곳은 1월에 예약이 끝났다. 12월에 미리미리 학년별 조정을
통해 현장체험학습 장소를 겹치지 않게 정했으면 한다. 온
작품 선정도 찜해 놓은 책이 있었는데 미리 협의되지 않아
겹치게 됐다. 이것도 미리 협의했으면 한다.

▶ 바라는 점

1. **두레** 업무보직교사 중심의 두레 대신 학년군으로 두레를
만들어서 학년 간에 교류하고 다양한 협업을 진행하면 좋
겠다. 이렇게 하라고 교육과정을 학년군으로 구성했다고 본
다. 교-수-평 일체화를 위해서도 두레는 학년군으로 구성

하는 게 효과적이다.

2. **학년별 문화의 날** 전체가 모여서 함께하는 시간도 좋지만, 학년당 8~9반으로 늘어남에 따라 학년별 문화의 날도 필요하다.

3. **개인 연구 시간 필요** 행정적인 업무가 없는 반면에 1인 1교사 동아리, 1인 1교사 두레, 교사다모임, 교사회, 각종 연수, 학교 행사 등으로 개인 연구 시간이 부족해서 초과근무를 하는 선생님들이 있다. '저녁이 있는 삶'을 위해서 협의회의 체계를 심플하게 만들고, 똑같은 안건으로 회의가 반복되는 횟수를 줄여 나가기 위해 의사소통 체계를 정비하면 개인 연구 시간이 늘어날 것이다. 학급의 자율성을 좀 더 보장하자. Leave me Alone.

학년부장의 무게

여기까지 글을 읽으면 혁신학교는 '꿈의 학교', 아니면 '가고 싶은 학교'가 될지도 모르겠다. 하지만 빛이 있으면 그림자도 있듯이 갈등과 고민거리도 있다.

'말하는 대로'라고 생각하면서 올 한 해도 '말하는 대로' 흘러가기를 바랐다. 학년에서 하고 싶은 것은 거의 다 했고, 학년 선생님들도 자발적이고 열정적인 분들이 많아 학년 운영이 특별히 어렵거나 힘들다고 느껴지진 않았다. 하지만 고민도 많고 속앓이도 했던 1년이었다.

왜 그랬을까?

우리 학교는 혁신학교다. 위키백과에 따르면 학교 운영과 교육과정 운영에서 자율성을 가지며 교직원의 안정적인 근무와 행정 인력을 지원하기 위해 예산이 지원되는 형태의 학교라고 나온다. 나는 민주적인 의사결정 구조가 근간이 되는 교육운동이라고 생각한다. 민주적이고자 교사회와 교사다모임, 전교학생다모임, 소담가족다모임 등의 의견을 학교에 반영하고 작은 것도 물어 가며 구성원 전체가 만들어 가는 교육을 하고자 한다.

2018학년도 2학기 소담초 교직원 (전학공/협의체) 일정

8월							9월							10월						
일	월	화	수	목	금	토	일	월	화	수	목	금	토	일	월	화	수	목	금	토
			1	2	3	4							1	30	1	2	3	4	5	6
5	6	7	8	9	10	11	2	3	4	5	6	7	8	7	8	9	10	11	12	13
12	13	14	15	16	17	18	9	10	11	12	13	14	15	14	15	16	17	18	19	20
19	20	21	22	23	24	25	16	17	18	19	20	21	22	21	22	23	24	25	26	27
26	27	28	29	30	31		23	24	25	26	27	28	29	28		30	31			

8월	9월	10월
•15일 : 광복절 •16일 : 개학식	•13일 : 교육과정설명회 •24~26일 : 추석연휴	•3일 : 개천절 •8일 : 재량휴업일 •9일 : 한글날 •18~19일:소담교육가족축제 * 학부모 공개수업 완료(~10월)
-20일 : 다모임 (27일과 바꿈) -22일 : 기획회의 -27일 : (임시)두레 -29일 : 교능평 자율연수(김양수) -16/23/30일 : 교실마실	-3일 : 동아리 -5일 : 연수원학교1/5 (연석회의) -10일 : 두레 -12일 : 기획회의 -17일 : 친목체육(변경됨) -19일 : 연수원학교2/5 -18일 : 전자칠판, 스마트교육 연수(신규,전입교사대상) -28일 : 찾아가는 SW연수 (전교원 대상) -6/20/27일 : 교실마실	-1일 : 두레(변경됨) -10일 : 연수원학교3/5 -17일 : 연수원학교4/5 -19일 : 연수원학교5/5 -22일 : 동아리(변경됨) -24일 : 기획회의 -29일 : 다모임 -4/11/18/25: 교실마실 -31일 : 문화의날(대전 현충원돌레길)

교직원 일정

그래서 참여해야 할 다양한 협의회와 연수들이 있다. 1인 1교사 동아리, 1인 1교사 두레, 전체 연수, 올해는 연수원학교라는 자체 학교 연수가 있었다. 부장의 경우, 기획회의와 3주체 연석회의, 한 달에 1번 교사다모임, 전체 친목행사, 교실마실, 교사회가 있다.

담임교사는 학교에서 학생·학부모 상담, 학급운영, 생활지도, 학급

교육과정 운영 교사를 말한다. 소담초의 담임교사는 행정업무를 하지 않는다. 공동체 일원으로 참여해야 하고 수업 전문성을 신장하기 위해 노력해야 한다. 동학년 교사들과 수업 연구와 학년교육과정을 함께 한다. 담임교사들이 이런 다양한 협의회와 연수에 참여해야 하는 이유는 학교의 비전을 공유하고 소통하며 공동체성과 공공성을 가지기 위해서다. 하지만 쉽지 않다.

학년부장으로 담임교사들의 고충이 보인다.

담임교사에게 우선순위인 일들이 있다. 일주일에 23~24시간 하는 수업(행정업무가 없는 대신 수업 시간 많음)과 학생 생활지도, 학급운영이 그것이다. 그리고 평가, 숙제 검사, 교실 정리, 다음 수업 준비로도 화장실 갈 시간도 없이 바쁘다.

담임교사들에게 행정업무가 없는 이유는 업무하느라 컴퓨터만 보기보다는 학생들을 더 많이 관찰하고 교육하라는 의미다. 이는 여느 회사처럼 경력에 따라 능숙도가 달라지는데, 저경력 교사는 하루를 온전히 학생들과 생활하고 수업 연구만 하는데도 여유가 없다고 한다. 그래서 수업 준비를 위해 야근하는 교사도 있다.

그리고 해결해야 할 학부모들의 민원 처리가 있다.

"이 정도는 학교에서 다 하고 숙제로 내지 말아 주세요."

"선생님이 애를 안 낳아 봐서 모르시나 본데 교육은 이렇게 하는 거예요."

이런 민원들은 교사의 가슴에 상처를 남기고 도전의식과 열정을 꺾는다. 이를 해결하기 위한 시간도 많이 필요하다.

6교시가 일상인 5~6학년 담임교사는 수업이 끝나고 숨 돌릴 틈도 없이 다양한 협의회와 연수에 참여해야 한다. 작년 6학년 담임교사로 있을 때, 부랴부랴 학생들을 하교시키고 협의회에 참석하여 이야기를 나누고 프로젝트 수업 준비를 위해서 따로 야근을 했던 경험이 있다.

또한 담임교사는 학교 축제 부스 운영과 소담워터파크, 생활협약선 포식, 학생다모임 등 전체적으로 진행되는 행사에 학생들을 이끌고 참여해야 한다. 질서, 안전 유지, 프로그램 참여 등의 일을 도맡아 한다.

그리고 교육과정 운영을 위해 자발성과 책무성을 가지고 수시로 협업하고 높은 수준의 창의성을 발휘해야 한다. 온작품 읽기와 교육과정 재구성, 학년 특색 활동, 배움공책과 성장이력철 사용, 학년 체육대회 운영 등이 그러하다.

학교에는 담임교사가 아닌 업무지원교사가 있다. 이는 과학이나 체육 같은 교과를 전담하는 교사로 학교의 모든 행정업무를 나눠 한다. 부장교사들로 이루어져 있고 학교 현안들을 해결하고 학교 전체의 업무를 추진하는 역할을 한다.

학년부장으로 업무지원교사의 고충도 본다.

업무지원교사는 담임의 행정업무를 없애기 위해 모든 행정업무를 전담하고 있다. 그렇기 때문에 업무가 과중하다. 어쩔 수 없이 야근을 많이 한다. 담임교사에게 안내하고 처리해야 할 여러 일들이 있다. 일을 끝내고 싶어도 협조가 없이는 어려운 점들이 업무를 딜레이시키고, 업무 추진을 더디게 한다.

"전담교사 시수(현재 15시간 이내)가 왜 이렇게 적어요?"

"이거 왜 하는 겁니까? 이런 것이 민주적인가요?"

이런 말들은 일을 진행하고 업무를 지원해야 하는 업무지원교사의 도전의식과 열정을 식게 만든다. 매일이 바쁘게 돌아가고 학교의 각종 민원을 처리한다. 한마디로 전화통에서 불이 난다고 한다. 안정이 되었는지 요새는 잦아들었다고 하는데 얼마나 잦아들었는지는 가늠하기가 어렵다. 학교 전체적인 시스템을 담당하고 생각할 수밖에 없다. 교사다모임의 장을 열고 기획회의의 안건을 준비하고 연수를 열고 수업나눔, 학교자치에 대해서 고민한다. 교사, 학생, 학부모의 3주체의 소통의 장을 마련해야 한다. 담임교사의 안정적인 근무를 위해서 지원하고 노력해야 한다. 학교를 위한 사명감과 봉사정신이 있어야 할 수 있는 일이다.

어쩌다가 혁신학교로 전입해서 문화를 처음 접해 본 교사들이 이를 함께 만들어 가는 일은 참 어렵다. 담임교사와 업무지원교사의 소통도 쉽지가 않다. 서로의 동상이몽들을 하나로 꿰어 나아가는 일은 더디고 더디다. 서로 처음이다 보니 미숙한 점도, 놓치고 가는 부분도 많다. 이를 조율해 가기가 쉽지 않다. 이런 과정에서 갈등이 생긴다.

그리고 회의가 끝나지 않는다. 똑같은 안건으로 3번까지 재논의를 한 적도 있다. 한 가지 일이 지지부진하게 진행이 되지 않는다. 정해진 결과가 손바닥 뒤집듯이 뒤집히기도 한다. 우왕좌왕하며 생긴 문제들을 결국 스스로 해결하기도 한다.

이런 여러 과정 때문에 작년에 이야기했던 '소담 학력관'은 2년 차인 2018년에 완성하기로 했으나, 2월부터 계속 밀려 결국 2019년으로 미뤄졌다. 그렇게 다음으로 미룬 안건들이 몇 개나 있을까. 2016학년도 학교교육과정 평가에 나온 피드백이 현재까지 이어지고 있었다.

● 2017 학교교육과정 10~11쪽

1. **다모임** 다모임 진행 방법, 내용, 시기에 대한 약속이 있었으면 좋겠음. 회의 방식에 관한 건.

2. **배움공책 외** 나이스와 생활통지표를 하나로 합해서 알려 주었으면 함. 구체적인 배움공책, 성장이력철 활용 방안 공유 필요.

3. **생활교육** 공동의 생활규칙을 모든 교사가 지키고 공동 교육하기/학교 생활교육에 대한 구체적인 틀이 있어야 함.

4. **동아리** 고정 동아리 시간에 자율동아리 운영.

5. **공통의 약속(규칙)이 필요** 교육활동은 일회성 행사가 아닌 연속성이 있어야 한다.

그래도 긍정적인 것은 2019년에는 위와 관련한 문제의식을 가지고 토대를 마련하려는 움직임이 있다는 것과 여러 시행착오를 겪으면서 갈등을 줄이기 위해 노력하고 있다는 점이다. 2016년부터 2018년까지 조금씩 나아지고 있다고 생각한다. 하지만 학교가 더 커지고 구성원도 늘어나니 이러한 진통은 계속 혼재하리라 예상한다.

이런 과정을 겪는 것 자체로 아름답지 않은가? 나는 이런 말에는 동의하지 않는다. 담임교사는 학급에서 학생들과 관계를 잘 맺고 업무지원교사는 교장, 교감과 함께 학교를 세우고 담임교사를 안정적으로 지원해야 한다. 서로 다른 가치가 상충하는 것 같지만 담임교사의 학급운영은 학교의 공공성과 비전에 맞아야 한다. 결국 서로는 이어져 있다.

우리는 자성을 가지고 각자가 가진 고민들을 꺼내어 공론화하고 적극적으로 갈등을 관리해야 한다. 또한 시행착오를 줄이기 위해 노력해야 한다. 더디더라도 같은 방향을 바라보고 함께 나아가기 위해 꼭 필요한 과정이라고 생각해야 한다.

대전 교사들을 만나 이야기를 나눈 적이 있다.

"교사들이 엘리베이터를 마음대로 타는 게 불합리하다는 학생들의 의견에 대해서 한 시간 동안이나 치열하게 토론했잖아. 어떻게 생각해?"

"너니까 한다. 업무가 없는 건 좋은데 그런 것 하나하나 고민하고 결정한다면 힘들어서 못 살겠다. 업무하고 하라는 대로 사는 게 편하겠어."

의외였다. 함께 논의할 것과 정하여 추진할 것에 대한 갈무리와 전체적인 시스템 구축, 공동의 합의 마련이 필요할 것 같다.

이런 여러 고충들 속에서 학년부장의 역할이 무엇인가 고민했다. 또한 어떻게 살아야 할지 고민되었다. 기획회의에서 학교의 중요한 의사결정을 해야 하는 자리가 부담스럽기도 했다. 여러 지점에서 학년부장의 무게를 느꼈다. 교사의 자율성과 책무성 사이의 고민이었다.

학년교육과정도 운영하고 학교의 일들도 처리해야 하는 학년부장들. 기획회의에서 분명 같은 회의 자리에 있었음에도 불구하고 서로 소통이 되지 않아 다시 모여 통일하고, 학년 간 문제가 생기거나 학부모와 문제가 생기면 논의도 함께 해야 한다.

학년이 커지면서 늘어난 구성원으로 의견을 맞추고 조율하는 과정에 시간이 더 걸린다. 더불어 내가 학년부장이라는 명목으로 권력에 의한 갑질을 하고 있는 것은 아닌지, 교사의 자발성에 기초해야 하는지, 아니면 내가 끌고 가야 하는지에 대한 기준 설정의 모호함도 있었다. 그 선을 고민하는 일도 생각보다 품이 많이 든다. 사람 마음이 참 내 맘 같지가 않다. 그래서 개인적으로 누군가를 이끌어야 하는 리더의 자리보다는 고민을 덜하고 열심히 따르기만 하면 되는 팔로워가 더 편하다.

그렇게 소담초에서 학년부장의 1년을 보냈다. 덕분에 의사소통 능력과 중재자 능력, 생각 정리 능력 부분의 레벨이 1단계 높아졌다. 하지만 HP(체력)와 PP(열정)는 떨어졌다. 방학 동안 재충전의 시간이 필요하다.

이렇듯 우리 학교는 스스로에게 질문을 던지고 성찰하고 고민하게 만드는 학교다. 그래서 지금도 Level Up 중이다. 다음에도 혁신학교를 희망할지 묻는다면 '그래도 혁신학교'에 지원할 거라고 대답한다. 힘들지만 재미있다. 이렇게 스펙터클하고 드라마틱한 학교가 어디 있을까. 매일매일이 새롭다.

내가 바라는 학교

아직까지 이 학교가 4번째 학교지만 혁신학교인 소담초에 2년 동안 살면서 많은 생각을 했다. '소담초등학교'의 장점은 『어쩌다 혁신학교』 책에도 나오듯이 사유를 많이 하게 한다는 것이다. 교사로서 성찰하게 하고 학교 구성원으로서 성찰하게 한다. 이런저런 일들을 해내고 이런저런 일들로 부딪히면서 내가 바라는 학교란 어떤 학교인가를 생각해 보았다.

첫째, 기본으로 돌아가는 학교다.

사람마다 그 생각이 다르겠지만 초등 교육의 기본은 담임선생님들이 학급운영과 수업, 생활지도를 충실히 하는 것이라고 생각한다. 그래서 학교교육과정과 학년교육과정은 군더더기 없이 기초 기본 교육에 충실해야 하고 안전해야 한다. 학급과 학교가 안전해야 기본이 바로 선다. 상식이 통하는 학교다. 그러려면 중요한 것을 살리고 불필요한 것을 덜어내는 빼기의 작업이 필요하다. 그 뺀 시간들에 교사의 수업 역량 강화와 수업나눔, 교육 이야기가 활발히 이루어지길 기대한다.

둘째, 교사의 홀로서기를 돕는 학교다.

이구남 교장의 『학교, 네모의 틀에서 깨어나다』라는 책에서 리더십에 대해 배웠다. 능력 있는 인재를 발굴해 적절한 자리에 배치하고 지원해 주고 지지해 주는 교장의 리더십이 폐교 직전의 학교를 살렸다. 학교의 비전을 제시하고 그 비전에 맞는 일을 솔선수범하던 모습이 기억에 남는다. 교사의 성장과 홀로서기를 돕는다면 교사의 행복이 학생의 행복으로 자리매김하리라고 생각한다. 선생님들 하나하나가 주인공이 되는 그런 학교를 꿈꾼다.

셋째, 함께하는 학교다.

인공지능의 발달과 함께 개인의 지적 능력은 한계로 다가왔다. 그래서 집단지성의 힘이 빛을 발한다. '멀리 가려면 함께 가라'라는 아프리카의 속담처럼 교사들도 함께 가야 한다. 3주체라는 말도 학생, 학부모, 교사가 3주체로서 함께해야 한다는 의미다. 특히 창의적 교육과정을 운영하기 위해 필요하다. 서로의 달란트가 시너지를 발휘할 때 얼마나 성장하는지 2년 동안 경험했다. 혼자 가면 멀리 가지 못한다. 우리 하나 되어 함께 가자. 학교 비전으로 공동의 시스템 속에 서로가 연결되어 느리더라도 함께 가는 학교를 꿈꾼다. 다양한 의견을 나누고 소통하고 함께 만드는 소담초등학교가 되길 바란다.

넷째, 지속가능한 학교다.

4개의 학교를 옮기고 7번의 교장을 만났다. 퇴임하는 교장들이 많이 오는 학교에 있어 공교롭게 그렇게 되었다. 그러면서 느낀 건 교장이 바뀌면 시스템이 싹 바뀌는 학교의 구조다. 비전도 프로그램도 분위기도 싹 바뀐다. 교사들은 어떤 교장이 올지 두려워하고 또 바뀌면 바뀐 대로 적응해 산다. 신기한 문화다. 혁신학교 관련 공부를 하며 눈여겨본 부분이 지속가능한 학교문화다. 교장이 바뀌어도 바뀌지 않는 민주적인 의사결정 문화의 구축, 변하지 않지만 유연한 시스템. 어떤 사람이 오든 그것을 운영할 수 있는 시스템이 있으면 좋겠다.

오늘도 Level Up 하며 하루하루를 버틴다. 우리 모두가 그 자리에 있는 것만으로도 매일 Level Up 하며 살고 있다고 응원해 드리고 싶다. 좀 더 빠르게 Level Up 하길 원하는가? 그래도 혁신학교다. 우리 학교는 혁신학교 아니라 못한다고? 걱정하지 마시라. 어디에 있든 혁신을 꿈꾼다면 그곳이 혁신학교가 아니겠는가.

8장

새로운 학교,
행복한 아이들

소담살이 2년 6개월 차 이민지

소담초는 불편했다.
업무 담당자가 정한 것을
전달받고 받아쓰기 바빴던
교무회의 시간을
'교사 다모임'이라 했다.
입에 익지 않는 이름이다.
저경력이라
능동적으로 생각해 본 적이 없었다.
정해지는 대로 따르는 데에만
익숙해져 있어
갑자기 의견을 말해 보라고 하니
무척 불편했다.

꺾인 날개

"아무리 좋은 학교에 합격시켜 준대도 선생님이 될래요."

초등학교에 처음 입학하고부터 쭉 이어 왔던 교사가 되겠다는 꿈을 이루기 위해 마침내 교육대학에 입학했다. 그러나 일 년이 채 되지 않아, 어려워진 교원 수급 상황 때문에 우리는 몇 달 동안 수업을 거부하고 학교에서 시위를 벌였다.

시위가 효과를 본 것인지 알 수 없지만 그 후 수급 상황은 매년 좋아졌다. 그래도 당장 내년이면 어떻게 될지 모른다는 불안감에 쉬지 않고 집과 도서관을 오가는 시계추가 되었다.

"콜버그의 『정의 공동체』 읽어 봤어? 나는 그런 학급을 만들고 싶어."

하루라도 도서관에 안 가면 임용고사에 떨어지는 것처럼 공부했던 친구와 매일같이 하던 대화는 이런 내용이었다. 떨어지면 낙담할 가족들을 생각하며 남들보다 진행 속도가 더뎠던 나는 스스로에게 휴식 시간을 줄 만큼 여유롭지 못했다. 면접과 수업실연 시험을 준비할 때, 2개의 스터디 그룹을 병행하며 한쪽이 쉬면 다른 한쪽에 갔다. 그룹 단위로 받았던 현직 교사 컨설팅에 모두 참여하였고, 따로 아는 선생님들을 찾아가 조언을 구하기도 했다.

그렇게 준비하는 내내 스스로에게 했던 채찍질은 배신을 하지 않았고, 합격하여 떨리는 마음으로 신규 교사 연수에 참여하였다. 수업 컨설팅을 받으면서 대단하게 느껴졌던 선생님들은 신규 교사 연수에서 더욱 존경스러웠다. 선배 교사들이 학생들에게 가지고 있는 열정, 그리고 그 열정을 쏟아 내는 다양한 사례들을 보면서 내가 받았던 교육에서 벗어나 '이렇게도 할 수 있구나!', '이런 선생님도 있구나!' 하며 내내 감탄했다.

그렇게 부푼 마음으로 새 학교의 상냥한 선생님들도 만나고, 새로 만날 학생들과의 첫 만남을 준비하고 있을 무렵이었다. 내가 선생님이 되기까지 가장 큰 영향을 준 롤 모델이었던 선배 교사가 불렀다.

"튀지 마라."

당시 중견이었던 선배 교사는 자식뻘인 어떤 신규 교사에게 무척 잘해 주었다. 그 신규 교사는 매우 총명하고 에너지가 넘쳤다. 그러나 학교의 몇몇 교사들이 그에게서 단점을 발견했고, 급기야 학생들에게 펼치는 교사의 교육활동까지 불만을 표시했다. 그걸 들은 선배 교사는, 그들 각자의 입장을 충분히 이해했지만 또 다른 후배 교사인 내가 그 신규 교사처럼 미움 받으며 교직생활을 시작하는 걸 보고 싶지 않았던 것이다.

신규 교사 연수 때 대부분의 강사들이 하고 있다는 '생일잔치'를 구체적인 예로 들며, '그런 것' 절대 하지 말라는 조언을 나는 철석같이 믿고 따랐다. 모든 선배 교사들이 '튀는 것'을 싫어한다고 생각했다.

그런 생각과는 달리 아들이 나와 동년배였던 한 선생님은 하루도 거르지 않고 매일 학업성적이 낮은 아이들을 데리고 보충 지도를 했다. 가장 늦은 한 학생으로 시작한 '방과후학교'는 학년 말이 되자, 학생이 3배로 늘었다. 선배 교사의 방과후학교는 학생들에게 학습 보충의 장이기도 했지만, 선생님과 간식을 먹으며 도란도란 이야기를 나누고 교감을 하는 따뜻함의 장이기도 했다.

또 다른 선배 교사 역시 자신과 동고동락한 학급 학생들과 함께 파티를 할 거라고 말하며 함께하자고 말했다. 결국 그해 우리 학년은 다 같이 햄버거 파티를 했다.

내가 철석같이 믿고 따르던 '튀지 마라. 다른 선생님들은 그런 것을 좋아하지 않는다'는 조언이 절대적이지 않았음은 일 년도 지나지 않아 입증되었다. 어쩌면 책이나 교수님들이 알려 주지 않은 일들이 한꺼번에 몰려오는 바람에 믿고 싶었던 조언이었는지도 모르겠다.

그걸 깨닫고 난 다음 해에도 나는 막연한 두려움으로 '튀지 않는' 초임 교사였기 때문이다.

수업 못하는 교사

"선생님 수업에 문제가 있는 것 같아요."

첫 중간고사 결과를 확인하고 교무실로 부른 교감이 나에게 꺼낸 첫마디였다.

"직접 교실에 들어가서 수업을 봐야겠어요."

우리 학급의 학업성취도 평균이 다른 학급보다 10점가량 낮은데, 교과전담교사의 수업이었던 영어 교과 평균은 다른 학급과 비슷하다는 것이 그렇게 판단하게 된 이유였다.

내 수업에 문제가 있을 수 있다니, 큰 충격이 아닐 수 없었다. 자칫하면 백수가 될 수도 있다는 절박한 마음이 들었다. 임용고사 수업 실연을 준비할 때도 선배 교사들에게 크게 문제될 것이 없다는 좋은 평가만 들어 왔던 나였다. 당시 30학급 규모의 학교에 매우 쉬운 업무를 맡고 있음에도 불구하고 수업 준비 때문에 매일같이 7시 반 전에는 퇴근하지 않았다. 오죽하면 고학년 회식 자리에서 교장이 매일 교재 연구를 하는 거냐며 초과근무를 쓰라는 말까지 들었다. 그래서 더 충격이었다.

만감이 교차했다. '여기서 어떻게 더 준비를 해야 하는 것일까', '내가 놓치고 있는 부분이 있을 수도 있으니 도움을 요청해야 할까', '정말 내 수업에 문제가 있는 걸까', '우리 반 아이들이 옆 반 선생님께 갔다면 더 잘했을 텐데, 우리 반에 와서 날개를 펴지 못하는 게 아닐까'…. 여기까지 생각이 미치니 우리 반 아이들에게 미안해졌다. 나에게는 부딪쳐 보는 첫해지만 우리 반 아이들에게는 다시는 돌아오지 않을 초등학생 시절의 1년이었기 때문이다.

그러나 수많은 고민들을 만들어 낸 '문제가 있는 수업'이라는 꼬리표는 생각보다 쉽게 떼어질 수 있었다. 언제나 격려와 지지를 아끼지 않았던 학년부장이 교감에게 '내가 멘토가 되어서 이끌어 보겠다'고 했다. 제시된 해결책은 간단했다. 활동보다는 정리에 시간을 할애하고, 문제풀이를 늘리는 것. 내가 노력함에도 불구하고 저평가를 받는 이유는 단순히 중간고사 결과 때문이라고 했다. 이 굴레를 벗어나는 방법은 성적을 올리는 것이었다.

당시 학력평가를 매우 중요시해서 억 소리 나는 바윗돌에 '학력고사 1위 신화'의 의지를 다졌던 지역에 위치한 학교였다. 우리 학교 역시 6학년을 대상으로 보충학습 및 강제 자율학습을 시킬 만큼 학구열이 높았다. 교사로서의 식견이 전무했던 나는 초등학생 시절을 떠올리며 '초등학생 때는 공이나 차고 놀이터에서 뛰어놀 때가 아닌가' 싶었다. 내가 본격적으로 공부라는 것을 시작한 것은 고등학교 때로 기억한다. 공부는 스스로 하는 것이라는 생각을 가지고 있어서 어찌해야 할지 알 길이 없었다.

학년부장은 일단 문제를 많이 풀어 보라는 솔루션을 주었다. 나는 그에 따라 평소 했던 스토리텔링, 동영상 자료, 동기유발 자료 등을 줄이고 거의 매 시간 문제지를 돌렸다. 사실 자료도 보여 주고 싶고 시험지도 나누어 주어야 했기에 진도 나가기가 무척 벅찼지만, 시간은 힘겹게 흘러갔고 드디어 학년 단위로 이루어진 '신규 교사 학급 성적 올리기' 프로젝트의 결과를 확인할 시험 기간이 돌아왔다.

결과는 프로젝트 대성공! 꼴찌는 이런 학교 분위기 속에서도 아이들의 교육에 힘쓰며, 학교와 학년에 생기는 잡다한 일들을 언제나 스스로 하겠다고 나서는, 학생 성적은 크게 개의치 않는 선배 교사 학급이 차지했다. 그 후로도 해당 선생님이 담임을 맡는 동안 그 등수는 변하지 않았고, 우리 학급은 어떤 과목은 성적이 조금 높기도 낮기도 하며 다른 학급과 크게 차이를 보이지 않게 되었다.

그해부터 학력고사는 사라졌지만, 학교 내 분위기는 크게 달라지지 않아서 이듬해에는 '무능한 교사' 꼬리표를 피하기 위해 처음부터 활동 위주의 수업 진행보다는 배운 것을 확인하는 문제풀이 위주의 수업을 진행했고, 우리 학급의 성적은 언제나 상위권을 웃돌았다. 그렇지만 매일같이 배가 고파서 견딜 수가 없을 때까지 학교에 남아도 별로 힘들지 않았던 전년도와는 달리 수업 준비에 대한 나의 열정은 점점 사그라졌다.

다시 시작

시간이 지남에 따라 이 생활도 금방 적응했다. 첫해는 집에 가려고 자리에 일어나 걸으면 당이 떨어지는 게 느껴졌지만, 적응을 하니 수업이 끝나고 다른 사람의 일을 들여다보거나 개인적인 일도 할 수 있는 여유가 생겼다. 매일 칼퇴를 했다. 하지만 무엇이든 하겠다는 열정은 사라지고 '남들도 다 이렇게 해'라는 자기합리화만 남았다.

3년이라는 시간이 어영부영 지나고 방학 기간을 통째로 할애해야 하는 1급 정교사 자격연수가 닥쳐왔다. 우리 학교에서 요직을 맡고 있던 선생님들과 같이 연수를 듣게 되었다.

"앞으로의 교직생활에 길이 남을 연수야."

"시험이 엄청 까다로워요. 글자 하나하나 다 외워야 해."

"스터디 그룹을 짜서 쉬는 시간마다 공부를 할 정도로 다들 열심히 하더라고."

연수 응원을 온 선생님들은 무시무시한 이야기를 들려주었다. 잔뜩 겁먹은 채로 연수가 시작되었다.

억지로 신청해야만 했던 시작과는 달리, 연수는 졸고 있던 열정을 각성시켰다. 모두가 사는 대로 살고 있을 거라는 막연한 생각은 빗나 갔고, 나와 똑같이 학교에 출근하면서도 끝나고 나서 교육을 위해 소 모임을 만들어 공부하고 연구하는 선생님들이 있었다. 같이 연수를 듣는 선생님들도 역량이 뛰어난 사람들이 많았다. 새삼스럽게 부끄러 워졌다. 나도 열심히 할 수 있는 사람인데. 회한이 들었다. 당시 영어 교과전담을 맡고 있어 연수에 교과와 관련한 내용이 많지 않아 아쉬 웠지만 학급 담임을 맡았던 때를 떠올리니 의지가 샘솟았다.

마침 세종시 교육청으로부터 연락이 왔다. 전년도에 응시했던 임용 고사에 합격했고 하위권으로 합격했음에도 자리가 나서 임용될 예정 이라는 소식이었다. 서울이나 경기처럼 1년은 기다려야겠다고 생각하 고 있던 터라 얼떨결에 의원면직을 신청하고 세종으로 오게 되었다.

첫 학교는 소담초등학교. 세종은 예쁜 순우리말 이름들로 동네를 만들고 학교도 만든다. 큰 학교에만 있어서 작은 학교들이 있는 집 과 가까운 조치원을 희망했다. 그렇지만 인연이 닿지 않았는지 동 지 역의 학교로 발령이 났다. 1급 정교사 연수를 들으며 열정을 충전했 기 때문에 첫 발령 난 신규의 마음으로 학교생활을 다시 시작하고 싶었다.

불편한 회의 시간

내가 아는 교무회의는 업무 담당자가 사전에 관리자와 추진하는 업무에 대하여 충분히 상의한 뒤 업무를 전달해 주는 방식으로 진행되는 회의다. 신규 교사가 결재라인에서 관리자 중 한 사람을 빼고 결재를 올리면 부장교사 한 번, 관리자 한 번, 교무회의 한 번 지적 사항에 대해 말을 들었다. 컬러프린터가 교무실에 두 대뿐인 학교에서 교실 환경 정리 기간을 두고 관리자가 돌아본 뒤, 컬러 인쇄나 코팅이 안 되어 있으면 '무능한 교사'가 되었다.

학부모에게 민원 전화가 오면 '왜 이렇게 일을 못해서 나를 귀찮게 만드느냐'고 화를 냈다.

그런데 소담초는 달라서 불편했다. 늘 업무 담당자가 협의한 사항을 전달받고 받아 적느라 바빴던 교무회의 시간을 '교사 다모임'이라고 불렀다. 입에 익지 않는 이름이었다. 학습발표회를 하지 않고 축제를 하겠다고 했다. 거기에 대해서 모두가 돌아가면서 의견을 말해 보라고 했다. '왜 내 의견까지 묻지?' 싶었지만 대충 아무 말이나 둘러댔다.

회의를 하면서 너무 저경력이라고 생각하고 있었기 때문에 회의 주제에 대해 능동적으로 생각해 본 적이 없었다. 그저 정해지는 대로 따르는 데에만 익숙해져 있어 갑자기 의견을 말해 보라고 하니 불편했다.

내가 알고 있는 교직 문화는 같은 말을 하더라도 30세 미만 교사가 말할 경우 '어린 게 뭘 안다고'라며 충분히 면박 받을 수 있었다. 그래서 어릴 때는 벙어리 3년, 귀머거리 3년이라고 생각하고 있었다. 그러나 모든 회의에서 소담의 선배 교사들은 저경력 후배들의 의견을 물었다. 선배 교사들은 모두 업무지원팀이거나 부장교사이기 때문에 우리가 겪을 어려움에 대해 헤아리기 어렵다고 언제든 필요한 게 있으면 이야기해 달라고 말했다. 넘치는 인복 덕분에 좋은 선배 교사들과 동학년을 하며 즐겁게 생활을 해 왔지만, 이런 상황은 처음이었다.

이렇게 말해 주었던 소담초의 부장교사들은 '사람만 좋은' 사람들은 아니었다. 간신히 연간 최소 연수 이수 시수만 넘기던 나와는 달리 다방면의 연수를 몇백 시간씩 듣고 각종 모임에 나가 새로운 것들을 받아들이려는 사람들이었다. 총 교육 경력 기간 동안 내가 읽은 책만큼을 한두 달 만에 읽어 버리는 사람들이었다. 부장 일을 하면서도 수업 연구를 위해 해가 지고도 한참 동안 남아 있는 사람들이었다. 근주자적, 근묵자흑이라고 이런 사람들 옆에서 보고 배우며 나도 비슷한 사람이 되고 싶었다.

당시 개교한 지 아직 3개월밖에 되지 않은 학교라서 전문적학습공동체가 원활하지는 않았지만, 한 선배 교사의 주도로 만들어진 아침 독서 모임에 가입했다. 혼자서는 전혀 읽지도 않던 책을 함께 읽는 것도 좋았지만 다른 학년에서 펼치고 있는 교육과정 이야기를 듣고 배워 가는 것은 더욱 유익했다.

학교 전체가 흔들렸던 지진에도 아랑곳 않고 수업 자료를 준비하거나 교육과정 재구성을 위해 머리를 맞대면서도 전혀 힘들다는 생각이 들지 않았다. 소담초의 동학년 선생님들과도 마음이 잘 맞아서 누군가 하나를 제안하면 생각을 보태서 제안을 멋지게 실현시켰다.

언젠가 인터넷 블로그에서 셀프 인테리어 사진을 보면서 '나도 유리

유리창 그림 사진

창에 그림 그리기 해 보고 싶다'고 생각한 적이 있었다.

"부장님, 저 미술 시간에 애들이랑 유리창에 그림 그리기 해도 될까요?"

"하세요. 다 지우고만 가세요."

크리스마스를 맞아 소담에서의 첫 아이들과 유리창 그림 그리기를 했다.

미술에 자신이 없었던 탓에 학창 시절에 미술 시간을 무척 싫어했다. 교사가 되어서 미술을 가르치려니 여간 어려운 게 아니어서 유화나 민화를 따로 배우기도 했다. 평소 학생들에게는 내가 느꼈던 박탈감을 느끼게 해 주고 싶지 않아 미술 수업에 특히 고민이 많았다. 내가 그린 그림은 집에 가져가기만 하면 쓰레기가 되기 때문에 선생님에게 제출했다가 바로 쓰레기통에 넣었었다. 내가 만나는 학생들은 자신이 만든 작품을 뿌듯해하며 집에 가져갈 수 있었으면 좋겠다고 생각했다.

유리창 그림 그리기는 성공적이었다. 평소 미술을 좋아하지 않던 학생들도 사람들이 많이 보는 유리창에 그림을 그려서인지 도안 찾는 데에도 오랜 시간 공들였다.

"무슨 무슨 포켓몬 찾아 주세요!"라고 할 게 뻔해 미리 스마트패드를 쥐어 주었더니 친구들과 어떤 사이트에 들어가면 만화 주인공들이 많다고 정보를 공유하며 열심히 참여했다. 학년 말에 다 지우기가 아까울 정도로 모두들 잘 그렸지만 지우는 것 역시 열심히 하는 예쁜 학생들이었다.

지역사회로 나가는 수업

1급 정교사 자격 연수 때 무척 감명 깊게 들었던 연수 중 하나가 당시 4학년 부장교사를 맡으며 교육과정 재구성한 사례를 들려준 선생님의 연수였다. 4학년 사회 교과서에는 지역의 문제를 찾아 해결하는 내용이 나오는데, 당시 선생님은 같은 도시 내에 있던 한 나무를 학습 소재로 끌어들였다고 한다. 도로를 새로 닦으며 매우 오래된 나무가 설 자리를 잃을 위기에 처하자, 학생들과 편지 쓰기 대회를 열어서 학교 단위로 대대적인 캠페인을 벌여 결국은 사라질 뻔한 나무를 살려냈다는 내용이었다.

그렇게까지 할 수 있을 거라 생각하지 않았지만 사회의 문제에 관심을 갖게 하는 것만으로도 훌륭한 경험이 될 것 같았다. 우리 반 학생들에게 먼저 기간을 주고 우리 지역 문제점을 찾아보도록 했다. '택시가 없다', '신호등이 짧다', '화물차가 많이 다닌다' 등 학부모들도 관심을 가져 준 덕분에 생각보다 다양한 문제들이 나왔다.

투표를 통해서 가장 문제라고 생각하는 사안을 정했다. 당시 내가 맡은 학급은 원래 다른 학구지만 잠시 소담에 다니고 있는 학생들이었다. 세종은 아파트 단지가 많아서 학구가 무척 좁게 정해져 있고, 초등학생의 경우 큰길을 건너지 않도록 정해 두었다고 한다. 그런데 우리 반 학생들은 BRT 도로까지 합쳐서 8차선쯤 되는 도로를 건너다녀야 했다.

"거리가 무척 긴데 시간이 너무 짧아요."

"어린아이들이나 노인들, 몸이 불편한 사람들은 시간 안에 가기 어려울 것 같아요."

"중간에 못 건너가게 되면 차가 쌩쌩 달리는 한복판에 서 있게 되어서 위험해요."

"그러면 정말 신호 길이가 너무 짧은지 우리가 조사해 봅시다."

"진짜 우리가 조사하는 거예요?"

"네, 우리가 직접 나갈 거예요. 필요한 것들이 뭔지 챙겨 볼까요?"

"시간을 재야 하고 거리도 재야 해요."

모둠별로 줄자, 초시계를 하나씩 주고 밖으로 나갔다. 저학년은 하교를 하고 있었다. 4학년 학생들이었지만 소리가 잘 전달이 안 되는 바깥에서도 아이들은 무척 진지했다. 줄자가 충분히 길지 않아서 두 모둠이 줄자를 맞대거나 나누어서 재야 했다. 인근에 공사 중인 건물들이 많아 화물차들이 지나다녀서 긴장을 늦출 수 없었지만 학생들은 사명감을 가지고 활동했다. 마침 어린이집에서 하원하는 어린이들이 있어서 횡단보도를 건너는 데 걸리는 시간을 측정할 수 있었다.

두 시간 동안 신호 길이와 횡단보도 거리를 측정하고, 교실로 돌아와 자료 분석을 시작했다. 막연하게 우리의 신호는 몇 초인데 몇 초 더 필요할 것 같다고 생각하고 있었지만, 막상 어린이가 건너는 데 걸리는 시간과 신호 길이 등을 확인해 보니 어린이가 건너고도 몇 초 여유가 있었다.

다행히 결론은 '문제가 없다'로 나왔다. 만일 문제가 있다고 나왔으면 이 프로젝트가 더 길어지고, 시청에 편지를 써야 하나 고민하고 있었는데 다행이었다. 학년 말에 했기 때문이기도 하지만 그래도 학생들은 실제 생활과 배움을 연결시켰다는 점이 인상 깊었나 보다. 마지막에 가장 기억나는 교육활동으로 많은 학생들이 이 활동을 꼽았다. '수업은 교실에서, 밖에서는 노는 것'이라고만 생각했던 교사에게도 큰 도전이었다.

선한 의지에 대한 기대

'영어 교사 심화 연수 대상자 추천 요청.'

짧은 교직 경력 동안 앞의 반은 담임교사로, 뒤의 반은 영어교과전담교사로 재직했던 나의 눈에 공문 하나가 들어왔다. 경력이 안 될 때부터 가고 싶었던 연수였다. '새로운 교육청, 새로운 학교에 온 지 한 학기밖에 되지 않은 신규인데 오자마자 딴 데로 샌다고 한다면 학교에서는 싫어하지 않을까?' 교무부장에게 자문을 구했다. 마침 영어 실력이 출중하고 오랜 기간 영어를 맡았던 교무부장은 연수에 대해 잘 알고 있었다.

"선생님, 오늘 공문이 와서 지금 접수 진행 중인 게 있는데, 이게 더 유익할 거예요."

심지어 나에게 연수에 대한 조언도 해 주었다.

"제가 온 지 얼마 안 됐는데 이런 걸 써도 될까요?"

어차피 안 될 거라면 시도도 안 하는 게 낫다는 생각이 들었다.

"안 될 게 뭐 있어요? 공문에서 요구하는 경력을 충분히 충족하는데. 써 봐요. 선생님에게 도움이 될 거예요."

선배 교사의 도움을 받아 결국은 신청서를 썼고 교장 선생님 역시 '선생님이 발전하고 싶다면 해야 한다'면서 기꺼이 추천을 해 주었다. 그렇게 세종에 온 지 얼마 되지 않아서 좋은 기회로 영어 연수를 받게 되었다.

연수는 쉽지 않았다. 오리엔테이션을 시작하는데 영어로 소개를 했다. 나누어 준 안내 책자도 온통 영어다. 영어라고는 저렴한 비행기 표를 사려고 외국 사이트를 돌아다닐 때, 호텔 약관을 읽을 때나 접했던 터라 머리가 어지러웠다. 기숙사 개방 시간 같은 중요한 정보들도 영어로 알려 주었다. 딴짓을 하지 않아도 영어를 못 알아들으면 규칙을 어기게 되는 것이라고 생각하니 벌써부터 억울하다는 생각까지 들었다. 나처럼 배우려는 선생님들이 온 것 같지 않았다. 각자 영어교육 분야에서 꽤 오랫동안 공부한 분들인 것 같았다. 첫날부터 돌아가면서 자기소개를 하는데, 한국식으로 '음, 어, 아' 하는 나와는 달리 'Well,

Um'을 쓰는 선생님들이 태생부터 다른 사람들처럼 보였다.

학교 대신 반년 동안 연수원으로 출근을 했다. 9시부터 5시까지 밥 먹는 시간까지도 'English Only Zone'인 연수원에서는 영어로만 말해야 했다. 처음 2주간은 자괴감이 들었다. 내 차례가 되어서 쭈뼛쭈뼛 말할 때면, 마음 넓은 선생님들은 듣고자 하지만 결국은 알아듣지 못하는 것처럼 보였다. 초등학생들 앞에서 잘하는 척 주름잡던 실력이 다 들통 나는 순간이었다. 생각지 못한 스트레스에 피가 말라 갔다. 2주가 지나면서 내 영어 실력이 좋지 않다는 것을 인정하게 되었다. 그리고 인정하게 되니 무척 마음이 편해졌다. 동료 연수생들이 모두 잘 챙겨 주어서 강사가 영어로 말하면 지시사항을 다시 말해 주기도 했다. 눈치껏 따라 하다 보니 새로운 활동들도 많이 알게 되고 무척 유익했다.

새로운 교수법을 배우기 위해서는 학생이 되어 배우는 것이 가장 효과적인 방법이라고 생각했다. 그러나 선생님이 되어서는 그럴 기회가 많지 않아 아쉬워하던 찰나였다. 날마다 방대한 양의 교육활동에 대한 정보들을 얻게 되었고, 다시 돌아가서 한 톨도 잊지 않고 학생들과 해 보고 싶었다. 활동들이 재미있어 영어로 말해야 한다는 부담감은 곧 가벼워졌다.

개인 블로그를 그때부터 사용하게 되었다. 연수 때 언제나 많은 것을 배우지만 그것 중 내가 실질적으로 도전하는 것이 많지 않아 안타까웠다. 특히 간단하고 눈에 잘 띄는 프레젠테이션 자료를 만드는 강사의 연수는 무척 유용했다. '파워포인트에 이런 기능도 있었다니!' 매 시간 놀라며 수강했다. 활동 하나하나, 참고하는 웹사이트, 검색하는 방법까지 다른 선생님들은 이렇게 쉽게 자료를 만들 수도 있다는 것이 신기했다.

그렇게 5개월을 지내면서 동료 연수생들과 친분도 쌓고 어느새 수업이 끝나면 카페에 가서 이야기도 나누고 요가나 탁구를 하면서 시간을 보내게 되었다. 그리고 마지막 1개월 해외연수 기간에 캐나다 밴쿠버로 갔다. 마침 선풍적인 인기를 끌던 드라마 〈도깨비〉에 나온 나라여서 더 기대가 되었다.

처음 캐나다에 도착한 날엔 좀이 쑤셔서 도저히 가만히 있을 수가 없었다. 캠퍼스 투어만으로도 설렜지만 나가서 밴쿠버를 둘러보기로 했다. 햇살이 부서지는 요트 정박지, 창고를 개조했다는 항구의 샛노란 카페, 7월인데도 불구하고 청명한 하늘, 윗옷이 필요할 만큼 선선한 날씨는 지구 반대편에 왔다는 걸 실감나게 해 주었다.

그러나 더욱 좋은 것은 사람들이었다. 이곳 사람들은 부딪치지 않았어도 바로 'Sorry'를 외쳤다. 'Thanks'는 거의 'Yes'와도 같이 습관처럼 쓰였다. 너 나 할 것 없이 인사는 'Hello'가 아닌 'Hello. How are you?'였다. 누가 영어에는 존댓말이 없다고 했을까? 같은 말이라도 듣는 사람을 기분 좋게 하는 말, 예의 바른 말은 분명 존재한다. 처음에는 'How are you?'를 들으면 어찌해야 할지 긴장하게 됐지만 얼마 안 가 적응이 되어서 어느새 먼저 'How are you?'를 건네게 되었다.

물건을 팔기 위한 점원들만 친절한 것은 아니었다. 동료 연수생이 몸이 좋지 않아서 수업에 나오지 못했다. 모두들 동료의 몸 상태를 걱정했지만 수업을 함께 들을 수 없어 더 안타까웠다. 현지의 강사진도 진심으로 걱정해 주었다. 특히 그들 중 책임자가 나와서 몸이 안 좋은데 병원에도 가지 못하는 상황일까 봐 숙소에도 알아보는 등 크게 신경을 써 주었다. 그들 중 누구도 연수생들이 핑계를 대면서 수업에 나오지 않는 것은 아닌지 의심하지 않았다.

이것을 '선한 의지에 대한 기대'라고 정의하였다. 내가 캐나다의 교육에서 가장 감명받은 부분이었다. 말로만 '믿으세요, 믿어야 합니다'가 아니라 몸소 우리에게 보여 주었다. 그리고 보통의 사람들은 기대를 받을 경우 그 기대에 부응하기 위해 노력하게 된다. 나 역시 그랬다. 무언가를 이야기했을 때 그들은 눈빛으로 우리를 전적으로 신뢰한다는 메시지를 보내 주었다. 무엇을 하든지 '해 보자'고 흔쾌히 이야기해 주었다.

경험적으로 '선한 의지에 대한 기대'의 힘을 믿는다. 직접 겪어 봄으로써 더욱 굳건해졌다. 처음 교사가 되었을 때부터 가지고 있던 믿음이었다. 발령받은 첫해에 내 가방 안, 지갑 안에 있던 돈 5만 원이 사라졌다. 동료 교사들에게 조심하라고 말해 주었다.

"다른 학급은 멀쩡한데 선생님 것만 없어졌다면 그건 학급 학생이 그랬을 확률이 높아."

누군가를 의심하고 싶지 않았지만 경험 많은 선생님들은 입을 모아 그렇게 이야기했다. 주저가 되긴 했지만 조심스럽게 말했다.

"선생님 지갑에 5만 원이 있었는데, 어디 갔는지 모르겠어요. 혹시 발견하면 선생님에게 갖다주세요."

한 아이가 일기장에 이렇게 적었다.

'내 짝꿍이 갑자기 5만 원이 생겼다고 자랑을 했다. 그 순간 선생님

이 잃어버리셨다던 5만 원이 생각났다.'

그 학생도 나도 함부로 누군가를 추궁할 수 없었다. 결국 그 사건은 내 소지품을 단단히 관리하게 만드는 계기가 되고 해결되지 않았다.

아이들을 도둑으로 생각하고 싶지 않았기에 그 후로도 비슷한 고민을 많이 했다. 당시 우리 학교 학생들은 그리 부족하지도 풍족하지도 않다고 생각했지만, 근처 문구점에서 아이스크림이나 군것질거리들을 야금야금 훔치는 일이 많아 문구점에서 몇 차례 사정을 토로한 적이 있었기 때문이다.

소담초에 오고 담임을 맡았을 때에도 비슷한 일이 있었다. 한 학생이 책이 보이지 않는다고 말했다. 책상 속과 사물함을 찾아보라고 이야기했지만 나오지 않았다. 집에 가서도 찾아보라고 했지만 아무리 봐도 없다고 했다. 결국 학부모에게 연락이 왔다.

"몇 번을 찾아도 없다고 하는데 왜 계속 찾아보라고 하시나요?"

집에도 확실히 없다는 연락을 받고 학생과 함께 수차례 사물함과 책상 속을 살펴봤지만 없었다. 아마 다른 학생들에게 섞여 들어갔을지 모른다는 생각이 들었다.

"현우가 책을 잃어버렸대요. 자기 책상 속과 사물함에 있는지 한번 찾아봅시다."

학생들은 제각기 사물함과 책상 속을 살폈지만 아무도 현우의 책을 발견하지 못했다.

'아뿔싸, 도둑이라는 오명을 쓸 수가 있어서 안 나올 수도 있겠구나.'

"선생님 생각에는 수업이 끝나고 책을 깨끗이 정리하려던 친구들이 모르고 현우의 책까지 정리한 것 같아요. 챙긴 기억이 없겠지만 샅샅이 찾아 주세요."

얼마 지나지 않아 정리를 잘하는 한 여학생이 자기 사물함에 있다며 책을 찾아 주었다. '선한 기대에 대한 의지'를 보여 주지 않았다면 이 여학생은 책을 돌려줄 용기가 생기지 않았을지도 모른다.

"너희들처럼 시끄럽고 말 안 듣는 애들은 내 평생 처음이다."

초등학생 때 거의 반 정도의 선생님은 이런 말을 했다.

'왜 항상 나는 가장 시끄러운 반인 걸까?'

속상하기도 했다. 드세다는 해에 태어나서 그랬던 걸까. 아직도 잘 모르겠지만 한편으로는 학생들이 말을 잘 듣게 하려는 방법이었을 거라고 추측한다. 그 방법이 효과가 있었을까? 그렇지 않다고 생각한다.

내가 선생님이 되어서는 그렇게 말하지 않는다. 듣는 입장에서는 속상하기만 했기 때문이다. 올해도 '너희들 같은 제자들을 또 만날 수 있을까?'라는 말을 자주 했다. 이런 말을 들으면 더욱 좋은 학생이 되기 위해 노력할 것이라는 믿음이 있었기 때문이다.

피그말리온 효과가 작용했는지 실제로 올해 우리 학급 학생들은 머리 큰 6학년임에도 불구하고 민주적으로 학급 다모임을 운영하고 거친 말도 적게 쓰며 친구를 서로 돕는 예쁜 모습을 많이 보여 주었다.

캐나다 교육 상황을 보고 가장 크게 얻은 것은 바로 '선한 의지에 대한 기대'의 중요성이었다. 그리고 그것은 그 어떤 훌륭한 교육과정 문서를 본 것보다 더욱 유익했다. 시간은 쏜살처럼 지나 어느덧 4주가 흘렀다. '다음에 대학원 공부하러 오라'는 강사들의 인사를 뒤로하며 부재중에도 빈자리를 채워 주었던 선생님들을 위한 단풍 모양 과자를 가지고 복귀했다.

캐나다는 여태껏 다녀온 나라들 중 유일하게 지금 가진 것을 버리고도 갈 수 있는 나라라고 꼽을 수 있을 만큼 좋은 기억으로 남아 있기에 복귀가 더욱 아쉬웠다. 그런데 막상 돌아왔을 때는 캐나다를 그렇게 부러워할 필요가 없었다는 생각이 들었다. 우리 학교의 교장 선생님 역시 이미 캐나다와 같이 '선한 의지에 대한 기대'를 보여 주고 학교 구성원들을 기다려 주고 있었기 때문이다.

한 달에 한 번 데이트

자리는 이미 정해져 있었지만 돌아오는 길은 쉽지 않았다. 담임교사가 바뀐다며 학부모들은 사람이 들어오기 전부터 꺼려 했다. 담임교사는 학교에서 '엄마'와 같은 존재인데 반년이 지나 '학교 엄마'가 바뀐다고 한다면 흔쾌히 받아들여지지는 않을 것 같다. 그러나 교장실로 찾아온 학부모들에게 교장 선생님은 '믿을 만한 선생님이니 함께 믿어 보자'고 이야기했다. 30학급이 넘는 큰 학교에서 한 학기만을 지내며 학급 아이들만 돌보느라 몇 번 마주치지 못했던 교사를 위해 그렇게 말해 주기란 쉬운 일이 아니다. 시작부터 기대에 부응해야겠다는 생각이 들게 만드는 말이었다.

마이너스부터 시작해야 하는 상황이었기에 열심히 할 수밖에 없었다. 반년 동안 학생으로 배우기만 해서 에너지는 충분했다. 아이들에게도 한 학기 동안 잘 지내 온 '학교 엄마'를 빼앗은 죄책감에 잘해 주고 싶었다. 그래도 고마운 학생들은 금방 나를 담임으로 대해 주었다.

"예전 선생님이랑은 이런 거 했는데 선생님도 하실 거예요?"

이전 해에도 옆 반에서 지내며 가끔씩 순환수업으로 만났던 학생들이라 그런지, 고학년이 되어 의젓해져서인지 학생들은 선생님들마다 나름의 교육 방식이 있음을 받아들였고, 새로 바뀔 선생님의 교육 방식을 궁금해했다. 그러면서도 내심 '이거 좋았는데 안 바뀌었으면 좋겠다'는 마음이 은연중에 드러났다.

그중 학생들이 없어질까 봐 가장 걱정한 것이 '선생님과의 주말 데이트'였다. 평소에 잊어버리기를 잘해서 휴대폰과 컴퓨터가 연동되는 앱을 썼는데, 1학기 선생님은 코인제도를 쓰고 있었다. 한 가지씩 잘하는 것이 있을 때마다 칠판에 붙어 있는 무지개판에서 단계가 올라가고, 가장 높은 단계에 올라가면 코인을 하나 받는다. 코인의 이름은 '초코인'인데, 금박을 씌워 금화처럼 생겼지만, 안에는 초콜릿이었기 때문이다. 초코인은 바로 먹을 수도 있지만 모아서 쿠폰으로 바꾸거나 선생님과의 데이트를 신청하는 데 쓸 수도 있었다. 살짝 알아보니 1학기 때 한 번 주말에 학생들을 만나서 근처에 있는 북카페에서 시간을 보냈다고 하기에 이 제도는 그대로 두기로 했다. 학생들은 환호했다.

9월 1일 자로 돌아와 10월이 되자 데이트를 신청하는 팀이 나타났다. 데이트는 두 명 이상이 코인을 일정 개수만큼 모아 오면 가능한데, 신청자가 아니어도 합류가 가능했다. 또 언제 어디에 갈지 신청학생들이 직접 계획서를 작성해 왔기 때문에 기획에 대한 부담이 없었다. 처음에는 1학기 때 갔던 북카페에 가겠다는 학생 6명이 왔다.

근처였기 때문에 부담 없이 가서 보드게임도 하고 책도 읽고 밥도 사 먹었다.

11월에는 차로 10~15분 떨어진 외곽 지역에 있는 동물농장에 가자며, 6명이 팀을 짜서 계획서를 가지고 왔다. 도보로 이동할 수 있었던 이전 데이트 장소와는 달리 버스로 가기도 어려운 지역이라 고민이 되었다. 결재를 받기 위해 교감에게 먼저 찾아갔다.

"무조건 환영입니다. 아이들한테 이런 게 진짜 교육이고 선생님과의 추억이에요."

비교적 먼 곳으로, 자녀도 키워 보지 않은 교사가 학생들 여럿을 데리고 간다고 하면 걱정이 앞서지 않을까 했지만 그것은 기우였다. 교장과 교감은 '선생님이 노력해 주는 것이 고마운 일'이라며 적극적으로 지지해 주었다.

"생각보다 많은 인원이 참석을 원해서, 차편이 조금 걱정이에요."

"만일 차가 문제라면 제 차가 크니 제가 아이들을 태워 줄 수 있어요."

오히려 이렇게 얘기해 주어 용기를 낼 수 있었다. 차 한 대에 타기에는 너무 많은 인원이라서 결국 부모님 차를 타고 오라고 했다. 학생들은 나보다 능숙하게 동물농장에 입장해서 먹이 바구니를 받고 토끼, 돼지, 타조 등 다양한 동물들에게 먹이를 주었다. 별로 넓지 않아 보였는데 동물 종류가 무척 많았다. 어린 강아지를 안아 보는 체험할 때는 짓궂은 장난을 많이 치는 남학생들까지도 눈물을 글썽이며 강아지를 조심스레 안아 들었다.

"어, 치리랑 같은 종류다!"

한 학생이 학급에서 키우던 고슴도치와 같은 종류의 고슴도치들
이 올망졸망 모여 있는 모습을 귀엽다는 듯이 쳐다보았다. 그러자
다른 학생들도 다 같이 고슴도치들 주변으로 모여들었다. 가시가 많
아서 체험하려는 어린이들이 별로 없었던 고슴도치에게 다가가 관심
을 보이며 '안팅'과 같은 고슴도치 용어들을 사용하자, '한 마리 데
려가서 친구 시켜 줘라'는 이야기도 들렸다. 기분은 좋았으나 야행성
이라서 낮에는 주로 자고 밤에 아무도 모르게 리빙박스를 빠져나와
서 교실 구석에 숨어 있던 치리만 키우기도 벅찼기 때문에 웃으면서
뒤로 발을 뺐다. 아침부터 등교한 학생들이 치리 집에 가 보고 치리
가 없어졌다고 해서 학교를 샅샅이 뒤진 게 한두 번이 아니었기 때
문이다.

"선생님, 큰일 났어요!"

학교에서 키우는 고슴도치 생각도 잠시, 발이 빠른 5학년 학생들은

고슴도치

어느새 언덕을 올라 다른 동물들에게 가 있었다. 그런데 아이들이 다급해했다. 타조에게 먹이를 주다가 타조가 봉지째로 삼켜 버렸다고 했다.

"도움을 요청해야 해요."

고슴도치 우리 앞에서 만난 사육사에게 빨리 와 달라고 했다. 사육사는 팔꿈치 근처까지 손을 집어넣어 타조의 목에서 비닐을 빼냈다.

"조금만 늦었으면 비닐을 못 뺐을 거야."

비록 아이들의 실수였지만, 솔직하게 말한 덕분에 타조의 생명을 구할 수 있었다. 눈앞에서 타조가 구조되는 장면을 본 10대 아이들이 과연 얼마나 될까? 생명 존중과 올바르게 살아가는 방법에 대해 피부로 느끼는 순간이었을 것이다. 출구 쪽에 있는 강아지들의 놀이공간에서 강아지 냄새가 날 만큼 실컷 논 아이들은 이제 막대과자를 만들 시간이라며 가자고 했다. 끝없는 10대의 체력에 비해 한참 뒤처진다는 것을 여실히 깨달으며, 긴 하루를 끝냈다.

동물농장에 다녀온 다음 주에는 바로 4명의 학생들이 15~20분 떨어진 시내에 있는 아마존 카페에 가자고 하더니, 2주 후에는 40분 떨어진 인근 대도시에 나가자고 했다. 그렇게 한 학기에 한 번꼴로 나가면 되리라며 시작한 데이트는 한 달에 한 번꼴로 진행되었다. 학교에

아마존 카페와 대전 시내 나들이

서는 인원이 많아 개인적으로 상호작용할 수 있는 시간이 적은데, 무 뚝뚝하고 낯가리는 편인 내게 학생 하나하나와 빠른 시간 내에 래포 를 형성할 수 있는 좋은 기회가 되었다.

고슴도치 분양합니다

실과 반려동물 기르기 프로젝트로 학급 구성원들의 동물 기르기 계획서를 받고 투표를 실시한 결과 가람반은 닭과 햄스터, 나리반은 햄스터, 다솜반은 고슴도치를 키우게 되었다. 모두 5학년 학생들의 사 랑을 받으며 무럭무럭 성장했다. 그러다 햄스터 한 쌍은 아기 햄스터 들을 낳아서 분양하기도 했다. 닭은 유정란을 부화기에 넣어 부화시켜 서 기르다가 너무 커져서 닭장을 지어 교내 잔디밭에서 키웠다. 우리 반 고슴도치는 냄새가 많이 난다는 불만으로 같은 층의 빈 교실에서 기르고 있었다.

고슴도치를 마트가 아닌 실제로 보는 것은 처음이라 무서웠지만 학생들은 앞다투어 고슴도치와 친해지고 싶어 했다. 그렇지만 고슴도치는 낯을 많이 가렸고, 방학 때 자신을 데리고 가 준 학생만을 유난히 따랐다. 학생들은 다른 친구에게는 가시를 세우지 않지만 자신에게만 가시를 세우는 고슴도치를 보며 서서히 멀어졌다. 덕분에 고슴도치 목욕, 집 청소는 시간이 지날수록 소수의 일이 되었다. 그렇지만 끝까지 고슴도치에게 애정을 쏟는 몇몇 학생들은 추울까 봐 전기방석을 사자고 제안하는 등 지극정성이었다.

시간이 지나 어느덧 학년 말이 왔다. 닭은 닭장이 있으므로 계속 키울 수도 있고 햄스터는 분양이 쉬웠지만, 고슴도치는 햄스터보다 크고 까다로워서 우리 학급에 고슴도치를 데려갈 수 있는 사람이 나타나지 않았다. 결국 고슴도치를 어떻게 하면 좋을지 회의를 열었다.

'지역 카페에 분양한다.'

'전교생을 대상으로 분양한다.'

'마을에 분양한다.'

위와 같은 의견들이 모아졌다. 카페에 분양하는 것은 절차가 쉽고 간편하다. 전교생을 대상으로 분양할 경우 원하면 계속 볼 수도 있다. 여러 가지 의견들이 오고 가고, 서로 설득하는 과정을 거쳤다. 투표 결과 전교생을 대상으로 분양하고 안 될 경우 지역으로 범위를 넓히기로 했다. 다만 누구에게 분양을 하든 면접을 거쳐 직접 새 주인이 될 사람을 확인하고 잘 키우겠다는 다짐을 받기로 했다.

분양을 위해 먼저 한 일은 분양 신청 안내문을 작성하는 것이다. 모든 학생들에게 A4 용지를 나누어 주고 고슴도치 '치리'의 사진을 뽑아

<치리 분양 신청서>

- 이름: 치리
- 나이: n개월
- 성별: 여
- 성격: 낯을 가림.
- 주의 사항: 목욕 후 꼭 털을 보송보송하게 말려 주어야 함.
- 문의 사항: ○○○-○○○○-○○○○으로 연락
- 분양 신청: 신청서를 작성해서 5학년 다솜반으로 ○월 ○일 ○○시까지 제출

<분양 신청>

- ○학년 ○반 ○○번 이름 ○○○
- 연락처: ○○○-○○○○-○○○○
- 부모님 성함: ○○○
- 부모님 연락처: ○○○-○○○○-○○○○
- 부모님 서명:
- 분양 신청 사유:

주어 붙이게 하거나, 치리의 특징, 주의사항, 분양가, 문의나 분양 신청을 할 수 있는 경로와 같은 꼭 필요한 것들을 짚어 주고 꾸며 쓰게 하였다. 그다음 잘된 것들은 골라서 전교생에게 배부하기로 했다.

색연필, 사인펜으로 공을 들여서인지 분양신청서 작성은 꽤 오랜 시간이 들었다. 투표를 통해 선정된 몇 가지는 컬러 복사를 하여 각 학급에 학생 수에 맞게 나누어 주었다. 분양이 안 될까 봐 고민했던 것과는 달리 반응이 폭발적이었고, 10여 명 가까이 지원했다.

그사이 고슴도치에 대해 일자무식인 담임교사보다 전문가인 학생들은 분양 신청자를 대상으로 면접을 준비했다. 면접자들과 면접 장소, 시각을 정하는데 서로 면접을 보고 싶어 해서 정하기가 쉽지 않았다. 평소 치리에게 관심을 가지고 돌봤던 4명이 면접관이 되었고, 다른 친구들은 참관자의 위치에서 면접을 참관하기로 했다. 분양 신청자 가운데는 본교 선생님도 있어서 면접관들은 다소 부담스러워하면서도 즐거워했다.

면접 질문은 고슴도치가 먹으면 안 되는 음식, 고슴도치에게 하면 안 되는 행동 같은 고슴도치에 대한 지식에 관한 내용들이었다. 최종적으로 3학년 학생이 선정되었고, 방학 때까지 필요한 용품을 구입해서 치리와 함께 보내 주었다. 학생들의 손으로 하는 일이라 촘촘하지 않더라도 면접관이 되어 보고 면접 질문을 만들어 보는 활동, 분양 신청서를 작성해 보는 활동들이 학생들에게는 귀한 경험이 되었을 것이다.

홀로서기와 함께하기로

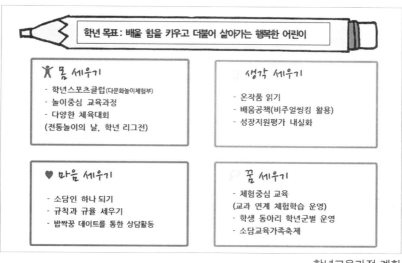

학년 목표 : 배울 힘을 키우고 더불어 살아가는 행복한 어린이

몸 세우기
- 학년스포츠클럽(다문화놀이체험부)
- 놀이중심 교육과정
- 다양한 체육대회
 (전통놀이의 날, 학년 리그전)

생각 세우기
- 온작품 읽기
- 배움공책(비주얼씽킹 활용)
- 성장지원평가 내실화

마음 세우기
- 소담인 하나 되기
- 규칙과 규율 세우기
- 밥짝꿍 데이트를 통한 상담활동

꿈 세우기
- 체험중심 교육
 (교과 연계 체험학습 운영)
- 학생 동아리 학년군별 운영
- 소담교육가족축제

학년교육과정 계획

"선생님, 좋아하는 음식이 뭐예요?"

"선생님, 좋아하는 색깔이 뭐예요?"

학생회에서 졸업 전 행사를 준비하느라 분주하다. 회의 시간을 달라고 하기를 여러 차례, 한번 시작한 회의는 좀처럼 끝날 생각을 하지 않고 점심시간이나 하교시간이 되어서야 끝이 난다. 대의원들끼리는 쉬는 시간마다 복도 구석에 모여서 머리를 맞대고 무언가를 의논하고 있다.

얼마 전 학생회에서 6학년들을 위한 행사를 벌이고 싶다고 제안해서 시작된 일이다. 학생들은 직접 OX퀴즈 자료를 만들고, 학급을 섞어 팀을 짜고, 간식 메뉴를 정하고, 자신들을 위해 무엇을 할지를 정했다. 여러 차례 모여 의견을 받아서 다시 전달하는 과정에서 자신들이 원하는 방향으로 흘러가지 않을 수도 있고 생각지 못한 난관에 부딪쳐 다시 시작해야 할 수도 있다. 그렇지만 학생들은 기쁘게 프레젠테이션을 하고 자료까지 만들어 온다.

크리스마스를 한 주 앞두고 학교에서는 3학년 학생들이 1년간 준비한 영화제가 열렸다. 직접 촬영하고 음악을 넣고 내레이션을 넣어서 편집한 영화를 보고 있자니 어린 학생들이 그동안 얼마나 고생했을지가 눈에 선했다.

교무실 앞에는 학생들이 모여 있다. 1학년 교실 부화기에서 부화한 병아리 형제들, 메추라기, 토끼가 자리 잡고 있기 때문이다. 아기 동물들 귀는 언제나 즐겁다. 1학년 교실에서는 언제나 오카리나, 핸드벨 연주가 들려오기 때문이다.

다른 학교에서는 그저 이상이었던 일들이 소담에서는 아무렇지 않은 일상이다. 교실마다 동물을 키우고, 과학 시간에는 직접 기른 미생물로 요구르트를 만들어서 나누어 먹고, 어버이날을 앞두고 드라이플

하바리움

라워를 전구 모양 병에 담아 하바리움을 만들어서 집에 가져간다.

한 해라는 시간은 길고도 짧아서 벌써 훌쩍 지나가 버렸는데, 돌이켜 보니 올해도 많은 추억을 만들었다. 너 나 할 것 없이 아이들 교육을 위해 각자 위치에서 힘쓰는 소담살이가 쉬운 것만은 아니다. 여전히 소담에서 나는 '대충 사는' 교사다. 그렇지만 함께 성장하려고 끌어 주는 소담의 가족들과 함께 '대충' 그러나 '열심히' 살아 보려 한다.

언제나 파이팅!

2018학년도에 펼친 교육활동

주제	관련 교육과정	시기
자긍심을 높여라	도덕 1-1. 소중한 나, 참다운 꿈	3월 2주
진로진단검사	실과 1-1-2. 진로 탐색과 진로 설계	3월 3주
문장완성검사	창체 자율 1. 나 이런 사람이야	3월 1주
즐거운 나	도덕 1-1. 소중한 나, 참다운 꿈	3월 1주
또 다른 나	미술 1-6. 궁금한 박물관-미술로 소통하는 세계	6월 1주
소원나무 기르기	창체 자율 1. 존 고다드의 꿈 목록, 버킷리스트	9월 4주
가족 어항 기르기	창체 자율 1. 나와 가족, 가족 안의 나	3월 2주
명언 쓰기	도덕 2-7. 크고 아름다운 사랑	9월 1주
즐겨라 장기자랑	음악 2-7. 음악으로 하나 되는 우리	10월 3주
학급 다모임	창체 자율 1. 학급 다모임	연중
1인 1악기	음악 1-5. 음악이 들려주는 이야기	4월 3주
나도 과학자	과학 1-3. 렌즈의 이용 과학 2-1. 생물과 우리 세계	5월 4주 9월 2주
책과 친구해요	국어 1-8. 책 속의 지혜를 찾아서	6월 3주
몸 튼튼 마음 튼튼	체육-1. 경쟁활동 1. 손으로 넘겨요	6월 3주
친구야, 넌 누구니?	창체 동아리 2. 나를 알고 너를 알고	10월 2주
친구 사용법	체 동아리 2. 책 '개가 말하는 친구 사용법'	9월 1주
갈등 조정자	창체 동아리 2. 갈등 해결을 위한 대화 매뉴얼	9월 3주
Dixit카드 마음 읽기	아침활동. 보드게임	화요일
비밀친구 마니또	창체 자율 1. 학급 다모임	연중
주말 나들이	자체 계획에 의거함	주말
놀며 배우며	아침활동. 신체놀이	목·금요일
우리 것이 좋은 것	체육-1. 건강활동 1. 운동 체력을 길러요	5월 3주
칭찬 풍선을 불어요	창체 자율 2. 너에게 닿기를	9월 4주
학급 그림책	국어 1-7. 이야기의 구성	4월 2주
교가 뮤직비디오	미술 1-1. 안녕! 우리 학교	3월 1주
라온문화전시회	사회 1-1. 조선 사회의 새로운 움직임	3월 3주
생활협약 선포	창체 자율 1-3. 주체 생활협약 선포식	6월 4주
장애 이해	창체 자율 1. 대한민국 1교시	4월 3주

다문화 이해	사회 2-2. 이웃 나라의 환경과 생활 모습	9월 4주
직업일까, 아닐까?	실과 1-1-1. 일과 직업의 세계	3월 2주
○○ 직업이 없다면	실과 1-1-1. 일과 직업의 세계	3월 3주
직업이 뭐예요?	체육-1 표현활동 1. 창작 무용을 즐겨요	5월 4주
맘대로 조각가	아침활동. 신체놀이	목·금요일
새로운 직업 상상	실과 1-1-2. 진로 탐색과 진로 설계	3월 3주
사업 아이템 구상	실과 1-1-2. 진로 탐색과 진로 설계	3월 3주
일하고 싶은 회사	실과 1-1-2. 진로 탐색과 진로 설계	3월 4주
최선을 다하는 태도	도덕 2-5. 배려하고 봉사하는 우리	10월 1주
또래 상담가	도덕 1-3. 갈등을 대화로 풀어 가는 생활	6월 1주
나라사랑 병영체험	사회 1-3. 대한민국의 발전과 오늘의 우리 도덕 1-4. 평화통일을 향한 발걸음	7월 3주
일일기자체험	국어 1-11. 뉴스의 관점	6월 2주
레이저쇼 속으로	미술 2-12. 색과 빛의 세상	9월 4주
세계정원 속으로	사회 2-2. 이웃 나라의 환경과 생활 모습	9월 4주
과거 속으로	사회 1-3. 대한민국의 발전과 오늘의 우리	9월 4주
어떤 중학교에 갈까	실과 1-1-2. 진로 탐색과 진로 설계	3월 4주
직업인을 찾다	국어 1-4. 면담하기	5월 3주
찾아가는 잡월드	과학 1-4. 생활과 전기·전자	6월 4주
35살의 나	실과 1-1-2. 진로 탐색과 진로 설계	3월 4주
오늘은 내가 요리사	실과 1-2-1. 생활 속의 식물 가꾸기	4월 3주
우아한 플로리스트	실과 1-2-1. 생활 속의 식물 가꾸기	5월 1주
무용가와의 만남	체육 1. 표현활동 1. 창작 무용을 즐겨요	3월 4주
꼬마 선생님	사회 2-1. 우리나라의 민주 정치	8월 5주
라온 모의 재판장	사회 2-1. 우리나라의 민주 정치	8월 4주
골라골라 벼룩시장	창체 진로 2. 벼룩시장 운영 및 체험하기	10월 3주
밀어주고 끌어주고	도덕 2-5. 배려하고 봉사하는 우리	10월 2주
테라리움 만들기	창체 진로 2. 진로부스 체험하기	10월 3주
향초 만들기	창체 진로 2. 진로부스 체험하기	10월 3주
에코백 만들기	창체 진로 2. 진로부스 체험하기	10월 3주

글쓴이 소개

박은혜

사람답게 살기 위해 배우고 실천하며 나누고 싶은 교사입니다. 카르페 디엠을 모토로 살아갑니다.

양정열

어른스러워 보이지만 순수하고 무심해 보이지만 섬세한, 한마디로 정의하기 힘든 사람입니다. 나이만 먹은 어른이 아니라 자신만의 철학으로 세상을 바라보고 선한 영향력을 가진 진짜 어른이 되고 싶습니다.

오윤미

배경이 되어 주는 기쁨으로 살기 위해 선생님이 되었습니다. 지금은 매일이 시행착오인 새내기 교사입니다.

이민지

가만히 있는 걸 싫어하며, 오늘이 마지막인 것처럼 그러나 대충 살고 싶은 교사입니다. '내가 원하지 않는 바를 남에게 행하지 말라'는 공자의 명언을 좋아합니다.

이상미

16년 차 교사이자 세 아이의 엄마입니다. 내가 좋은 교사가 되어야 우리 아이도 좋은 선생님을 만날 수 있다는 믿음으로 내게 주어진 우리 아이들의 시간을 허투루 보내지 않으려 애쓰며 살았습니다. 정의로운 세상을 꿈꾸며 때론 흔들리고 넘어질 때도 있겠지만 쓰러지지는 않으려 매일매일 다짐합니다.

이윤정

아이들과 함께 울고 웃는 날들이 즐겁고 행복한 교사입니다. 예술에도 관심이 많아 공연과 영화를 찾아다닙니다.

조은정

교실 속 모든 아이들이 소중한 사람이라는 생각을 가지고 살아갈 수 있도록 돕고 싶은, 새내기 교사입니다.

함유찬

따뜻한 삶을 재미있게 살고 싶은 교사입니다. 책은 처음입니다.

삶의 행복을 꿈꾸는 교육은 어디에서 오는가?

미래 100년을 향한 새로운 교육 · 혁신교육을 실천하는 교사들의 필독서

▶ 교육혁명을 앞당기는 배움책 이야기
혁신교육의 철학과 잉걸진 미래를 만나다!

한국교육연구네트워크 총서

01 핀란드 교육혁명
한국교육연구네트워크 엮음 | 320쪽 | 값 15,000원

02 일제고사를 넘어서
한국교육연구네트워크 엮음 | 284쪽 | 값 13,000원

03 새로운 사회를 여는 교육혁명
한국교육연구네트워크 엮음 | 380쪽 | 값 17,000원

04 교장제도 혁명
한국교육연구네트워크 엮음 | 268쪽 | 값 14,000원

05 새로운 사회를 여는 교육자치 혁명
한국교육연구네트워크 엮음 | 312쪽 | 값 15,000원

06 혁신학교에 대한 교육학적 성찰
한국교육연구네트워크 엮음 | 308쪽 | 값 15,000원

07 진보주의 교육의 세계적 동향
한국교육연구네트워크 엮음 | 324쪽 | 값 17,000원
2018 세종도서 학술부문

08 더 나은 세상을 위한 학교혁명
한국교육연구네트워크 엮음 | 404쪽 | 값 21,000원
2018 세종도서 교양부문

혁신학교
성열관 · 이순철 지음 | 224쪽 | 값 12,000원

행복한 혁신학교 만들기
초등교육과정연구모임 지음 | 264쪽 | 값 13,000원

서울형 혁신학교 이야기
이부영 지음 | 320쪽 | 값 15,000원

혁신교육, 철학을 만나다
브렌트 데이비스 · 데니스 수마라 지음
현인철 · 서용선 옮김 | 304쪽 | 값 15,000원

혁신교육 존 듀이에게 묻다
서용선 지음 | 292쪽 | 값 14,000원

다시 읽는 조선 교육사
이만규 지음 | 750쪽 | 값 33,000원

대한민국 교육혁명
교육혁명공동행동 연구위원회 지음 | 224쪽 | 값 12,000원

한국교육연구네트워크 번역 총서
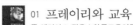

01 프레이리와 교육
존 엘리아스 지음 · 한국교육연구네트워크 옮김
276쪽 | 값 14,000원

02 교육은 사회를 바꿀 수 있을까?
마이클 애플 지음 · 강희룡 · 김선우 · 박원순 · 이형빈 옮김
356쪽 | 값 16,000원

**03 비판적 페다고지는
세상을 변화시킬 수 있는가?**
Seewha Cho 지음 | 심성보 · 조시화 옮김 | 280쪽 | 값 14,000원

04 마이클 애플의 민주학교
마이클 애플 · 제임스 빈 엮음 | 강희룡 옮김 | 276쪽 | 값 14,000원

05 21세기 교육과 민주주의
넬 나딩스 지음 | 심성보 옮김 | 392쪽 | 값 18,000원

**06 세계교육개혁:
민영화 우선인가 공적 투자 강화인가?**
린다 달링-해먼드 외 지음 | 심성보 외 옮김 | 408쪽 | 값 21,000원

대한민국 교사, 어떻게 가르칠 것인가?
윤성관 지음 | 320쪽 | 값 15,000원

아이들을 어떻게 가르칠 것인가
사토 마나부 지음 | 박찬영 옮김 | 232쪽 | 값 13,000원

모두를 위한 국제이해교육
한국국제이해교육학회 지음 | 364쪽 | 값 16,000원

경쟁을 넘어 발달 교육으로
현광일 지음 | 288쪽 | 값 14,000원

독일 교육, 왜 강한가?
박성희 지음 | 324쪽 | 값 15,000원

핀란드 교육의 기적
한넬레 니에미 외 엮음 | 장수명 외 옮김 | 456쪽 | 값 23,000원

한국 교육의 현실과 전망
심성보 지음 | 724쪽 | 값 35,000원

▶ 비고츠키 선집 시리즈
발달과 협력의 교육학 어떻게 읽을 것인가?

 생각과 말
레프 세묘노비치 비고츠키 지음
배희철·김용호·D. 켈로그 옮김 | 690쪽 | 값 33,000원

 도구와 기호
비고츠키·루리야 지음 | 비고츠키 연구회 옮김
336쪽 | 값 16,000원

 어린이 자기행동숙달의 역사와 발달 I
L.S. 비고츠키 지음 | 비고츠키 연구회 옮김
564쪽 | 값 28,000원

 **어린이 자기행동숙달의 역사와 발달 II**
L.S. 비고츠키 지음 | 비고츠키 연구회 옮김
552쪽 | 값 28,000원

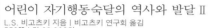 **어린이의 상상과 창조**
L.S. 비고츠키 지음 | 비고츠키 연구회 옮김
280쪽 | 값 15,000원

 비고츠키와 인지 발달의 비밀
A.R. 루리야 지음 | 배희철 옮김 | 280쪽 | 값 15,000원

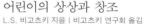 **수업과 수업 사이**
비고츠키 연구회 지음 | 196쪽 | 값 12,000원

 비고츠키의 발달교육이란 무엇인가?
비고츠키교육학실천연구모임 지음 | 412쪽 | 값 21,000원

 비고츠키 철학으로 본 핀란드 교육과정
배희철 지음 | 456쪽 | 값 23,000원

 성장과 분화
L.S. 비고츠키 지음 | 비고츠키 연구회 옮김
308쪽 | 값 15,000원

 연령과 위기
L.S. 비고츠키 지음 | 비고츠키 연구회 옮김
336쪽 | 값 17,000원

 의식과 숙달
L.S 비고츠키 | 비고츠키 연구회 옮김
348쪽 | 값 17,000원

 분열과 사랑
L.S. 비고츠키 지음 | 비고츠키 연구회 옮김
260쪽 | 값 16,000원

 성애와 갈등
L.S. 비고츠키 지음 | 비고츠키 연구회 옮김
268쪽 | 값 17,000원

 관계의 교육학, 비고츠키
진보교육연구소 비고츠키교육학실천연구모임 지음
300쪽 | 값 15,000원

 비고츠키 생각과 말 쉽게 읽기
진보교육연구소 비고츠키교육학실천연구모임 지음
316쪽 | 값 15,000원

 교사와 부모를 위한 비고츠키 교육학
카르포프 지음 | 실천교사번역팀 옮김 | 308쪽 | 값 15,000원

▶ 살림터 참교육 문예 시리즈
영혼이 있는 삶을 가르치는 온 선생님을 만나다!

 꽃보다 귀한 우리 아이는
조재도 지음 | 244쪽 | 값 12,000원

 성깔 있는 나무들
최은숙 지음 | 244쪽 | 값 12,000원

 아이들에게 세상을 배웠네
명혜정 지음 | 240쪽 | 값 12,000원

 밥상에서 세상으로
김흥숙 지음 | 280쪽 | 값 13,000원

 우물쭈물하다 끝난 교사 이야기
유기창 지음 | 380쪽 | 값 17,000원

 선생님이 먼저 때렸는데요
강병철 지음 | 248쪽 | 값 12,000원

 서울 여자, 시골 선생님 되다
조경선 지음 | 252쪽 | 값 12,000원

 행복한 창의 교육
최창의 지음 | 328쪽 | 값 15,000원

 북유럽 교육 기행
정애경 외 14인 지음 | 288쪽 | 값 14,000원

▶ 4·16, 질문이 있는 교실 마주이야기
통합수업으로 혁신교육과정을 재구성하다!

 통하는 공부
김태호·김형우·이경석·심우근·허진만 지음
324쪽 | 값 15,000원

 내일 수업 어떻게 하지?
아이함께 지음 | 300쪽 | 값 15,000원
2015 세종도서 교양부문

 인간 회복의 교육
성래운 지음 | 260쪽 | 값 13,000원

 교과서 너머 교육과정 마주하기
이윤미 외 지음 | 368쪽 | 값 17,000원

 수업 고수들 수업·교육과정·평가를 말하다
박현숙 외 지음 | 368쪽 | 값 17,000원

 도덕 수업, 책으로 묻고 윤리로 답하다
울산도덕교사모임 지음 | 320쪽 | 값 15,000원

 체육 교사, 수업을 말하다
전용진 지음 | 304쪽 | 값 15,000원

 교실을 위한 프레이리
아이러 쇼어 엮음 | 사람대사람 옮김 | 412쪽 | 값 18,000원

 마을교육공동체란 무엇인가?
서용선 외 지음 | 360쪽 | 값 17,000원

 교사, 학교를 바꾸다
정진화 지음 | 372쪽 | 값 17,000원

 함께 배움
학생 주도 배움 중심 수업 이렇게 한다
니시카와 준 지음 | 백경석 옮김 | 280쪽 | 값 15,000원

 공교육은 왜?
홍섭근 지음 | 352쪽 | 값 16,000원

 자기혁신과 공동의 성장을 위한
교사들의 필리버스터
윤양수·원종희·장군·조경삼 지음 | 280쪽 | 값 14,000원

 함께 배움 이렇게 시작한다
니시카와 준 지음 | 백경석 옮김 | 196쪽 | 값 12,000원

 함께 배움 교사의 말하기
니시카와 준 지음 | 백경석 옮김 | 188쪽 | 값 12,000원

 교육과정 통합, 어떻게 할 것인가?
성열관 외 지음 | 192쪽 | 값 13,000원

 미래교육의 열쇠, 창의적 문화교육
심광현·노명우·강정석 지음 | 368쪽 | 값 16,000원

 주제통합수업, 아이들을 수업의 주인공으로!
이윤미 외 지음 | 392쪽 | 값 17,000원

 수업과 교육의 지평을 확장하는 수업 비평
윤양수 지음 | 316쪽 | 값 15,000원
2014 문화체육관광부 우수교양도서

 교사, 선생이 되다
김태은 외 지음 | 260쪽 | 값 13,000원

 교사의 전문성, 어떻게 만들어지나
국제교원노조연맹 보고서 | 김석규 옮김 392쪽 | 값 17,000원

 수업의 정치
윤양수·원종희·장군 지음 | 280쪽 | 값 14,000원

 학교협동조합,
현장체험학습과 마을교육공동체를 잇다
주수원 외 지음 | 296쪽 | 값 15,000원

 거꾸로교실,
잠자는 아이들을 깨우는 수업의 비밀
이민경 지음 | 280쪽 | 값 14,000원

 교사는 무엇으로 사는가
정은균 지음 | 292쪽 | 값 15,000원

 마음의 힘을 기르는 감성수업
조선미 외 지음 | 300쪽 | 값 15,000원

 작은 학교 아이들
지경준 엮음 | 376쪽 | 값 17,000원

 아이들의 배움은 어떻게 깊어지는가
이시이 준지 지음 | 방지현·이창희 옮김 | 200쪽 | 값 11,000원

 대한민국 입시혁명
참교육연구소 입시연구팀 지음 | 220쪽 | 값 12,000원

 교사를 세우는 교육과정
박승열 지음 | 312쪽 | 값 15,000원

 전국 17명 교육감들과 나눈
교육 대담
최창의 대담·기록 | 272쪽 | 값 15,000원

 들뢰즈와 가타리를 통해
유아교육 읽기
리세롯 마리엣 올슨 지음 | 이연선 외 옮김 | 328쪽 | 값 17,000원

학교 혁신의 길, 아이들에게 묻다
남궁상운 외 지음 | 272쪽 | 값 15,000원

 프레이리의 사상과 실천
사람대사람 지음 | 352쪽 | 값 18,000원
2018 세종도서 학술부문

 혁신학교, 한국 교육의 미래를 열다
송순재 외 지음 | 608쪽 | 값 30,000원

 페다고지를 위하여
프레네의 『페다고지 불변요소』 읽기
박찬영 지음 | 296쪽 | 값 15,000원

 노자와 탈현대 문명
홍승표 지음 | 284쪽 | 값 15,000원

 선생님, 민주시민교육이 뭐예요?
염경미 지음 | 244쪽 | 값 15,000원

 어쩌다 혁신학교
유우석 외 지음 | 380쪽 | 값 17,000원

 미래, 교육을 묻다
정광필 지음 | 232쪽 | 값 15,000원

 대학, 협동조합으로 교육하라
박주희 외 지음 | 252쪽 | 값 15,000원

 입시, 어떻게 바꿀 것인가?
노기원 지음 | 306쪽 | 값 15,000원

 촛불시대, 혁신교육을 말하다
이용관 지음 | 240쪽 | 값 15,000원

 라운드 스터디
이시이 데루마사 외 엮음 | 224쪽 | 값 15,000원

 미래교육을 디자인하는 학교교육과정
박승열 외 지음 | 348쪽 | 값 18,000원

  흥미진진한 아일랜드 전환학년 이야기
제리 제퍼스 지음 | 최상덕·김호원 옮김 | 508쪽 | 값 27,000원

폭력 교실에 맞서는 용기
따돌림사회연구모임 학급운영팀 지음 | 272쪽 | 값 15,000원

 그래도 혁신학교
박은혜 외 지음 | 248쪽 | 값 15,000원

 학교 민주주의의 불한당들
정은균 지음 | 276쪽 | 값 14,000원

 교육과정, 수업, 평가의 일체화
리사 카터 지음 | 박승열 외 옮김 | 196쪽 | 값 13,000원

 학교를 개선하는 교장
지속가능한 학교 혁신을 위한 실천 전략
마이클 풀란 지음 | 서동연·정효준 옮김 | 216쪽 | 값 13,000원

 공자던, 논어는 이것이다
유문상 지음 | 392쪽 | 값 18,000원

 교사와 부모를 위한
발달교육이란 무엇인가?
현광일 지음 | 380쪽 | 값 18,000원

 교사, 이오덕에게 길을 묻다
이무완 지음 | 328쪽 | 값 15,000원

 낙오자 없는 스웨덴 교육
레이프 스트란드베리 지음 | 변광수 옮김 | 208쪽 | 값 13,000원

 끝나지 않은 마지막 수업
장석웅 지음 | 328쪽 | 값 20,000원

 경기꿈의학교
진흥섭 외 지음 | 360쪽 | 값 17,000원

 학교를 말한다
이성우 지음 | 292쪽 | 값 15,000원

 행복도시 세종, 혁신교육으로 디자인하다
곽순일 외 지음 | 392쪽 | 값 18,000원

 나는 거꾸로 교실 거꾸로 교사
류광모·임정훈 지음 | 212쪽 | 값 13,000원

 교실 속으로 간 이해중심 교육과정
온정덕 외 지음 | 224쪽 | 값 13,000원

 교실, 평화를 말하다
따돌림사회연구모임 초등우정팀 지음 | 268쪽 | 값 15,000원

 학교자율운영 2.0
김용 지음 | 240쪽 | 값 15,000원

 학교자치를 부탁해
유우석 외 지음 | 252쪽 | 값 15,000원

▶ 교과서 밖에서 만나는 역사 교실
상식이 통하는 살아 있는 역사를 만나다

 전봉준과 동학농민혁명
조광환 지음 | 336쪽 | 값 15,000원

 교과서 밖에서 배우는 역사 공부
정은교 지음 | 292쪽 | 값 14,000원

 남도의 기억을 걷다
노성태 지음 | 344쪽 | 값 14,000원

 팔만대장경도 모르면 빨래판이다
전병철 지음 | 360쪽 | 값 16,000원

 응답하라 한국사 1·2
김은석 지음 | 356쪽·368쪽 | 각권 값 15,000원

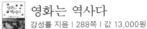 **빨래판도 잘 보면 팔만대장경이다**
전병철 지음 | 360쪽 | 값 16,000원

 즐거운 국사수업 32강
김남선 지음 | 280쪽 | 값 11,000원

 영화는 역사다
강성률 지음 | 288쪽 | 값 13,000원

 즐거운 세계사 수업
김은석 지음 | 328쪽 | 값 13,000원

 친일 영화의 해부학
강성률 지음 | 264쪽 | 값 15,000원

 강화도의 기억을 걷다
최보길 지음 | 276쪽 | 값 14,000원

 한국 고대사의 비밀
김은석 지음 | 304쪽 | 값 13,000원

 광주의 기억을 걷다
노성태 지음 | 348쪽 | 값 15,000원

 조선족 근현대 교육사
정미량 지음 | 320쪽 | 값 15,000원

 **선생님도 궁금해하는
한국사의 비밀 20가지**
김은석 지음 | 312쪽 | 값 15,000원

 다시 읽는 조선근대교육의 사상과 운동
윤건차 지음 | 이명실·심성보 옮김 | 516쪽 | 값 25,000원

 걸림돌
키르스텐 세룹-빌펠트 지음 | 문봉애 옮김
248쪽 | 값 13,000원

 음악과 함께 떠나는 세계의 혁명 이야기
조광환 지음 | 292쪽 | 값 15,000원

 역사수업을 부탁해
열 사람의 한 걸음 지음 | 388쪽 | 값 18,000원

 논쟁으로 보는 일본 근대교육의 역사
이명실 지음 | 324쪽 | 값 17,000원

 진실과 거짓, 인물 한국사
하성환 지음 | 400쪽 | 값 18,000원

다시, 독립의 기억을 걷다
노성태 지음 | 320쪽 | 값 16,000원

 우리 역사에서 사라진 근현대 인물 한국사
하성환 지음 | 296쪽 | 값 18,000원

▶ 창의적인 협력 수업을 지향하는 삶이 있는 국어 교실
우리말 글을 배우며 세상을 배운다

 중학교 국어 수업 어떻게 할 것인가?
김미경 지음 | 340쪽 | 값 15,000원

 토론의 숲에서 나를 만나다
명혜정 엮음 | 312쪽 | 값 15,000원

 토닥토닥 토론해요
명혜정·이명선·조선미 엮음 | 288쪽 | 값 15,000원

 인문학의 숲을 거니는 토론 수업
순천국어교사모임 엮음 | 308쪽 | 값 15,000원

 어린이와 시
오인태 지음 | 192쪽 | 값 12,000원

 수업, 슬로리딩과 함께
박경숙 외 지음 | 268쪽 | 값 15,000원

▶ 더불어 사는 정의로운 세상을 여는 인문사회과학
사람의 존엄과 평등의 가치를 배운다

밥상혁명
강양구·강이현 지음 | 298쪽 | 값 13,800원

좌우지간 인권이다
안경환 지음 | 288쪽 | 값 13,000원

도덕 교과서 무엇이 문제인가?
김대용 지음 | 272쪽 | 값 14,000원

민주시민교육
심성보 지음 | 544쪽 | 값 25,000원

자율주의와 진보교육
조엘 스프링 지음 | 심성보 옮김 | 320쪽 | 값 15,000원

민주시민을 위한 도덕교육
심성보 지음 | 500쪽 | 값 25,000원
2015 세종도서 학술부문

민주화 이후의 공동체 교육
심성보 지음 | 392쪽 | 값 15,000원
2009 문화체육관광부 우수학술도서

교과서 밖에서 배우는 인문학 공부
정은교 지음 | 280쪽 | 값 13,000원

갈등을 넘어 협력 사회로
이창언·오수길·유문종·신윤관 지음 | 280쪽 | 값 15,000원

오래된 미래교육
정재걸 지음 | 392쪽 | 값 18,000원

동양사상과 마음교육
정재걸 외 지음 | 356쪽 | 값 16,000원
2015 세종도서 학술부문

대한민국 의료혁명
전국보건의료산업노동조합 엮음 | 548쪽 | 값 25,000원

교과서 밖에서 배우는 철학 공부
정은교 지음 | 280쪽 | 값 14,000원

교과서 밖에서 배우는 고전 공부
정은교 지음 | 288쪽 | 값 14,000원

교과서 밖에서 배우는 사회 공부
정은교 지음 | 304쪽 | 값 15,000원

전체 안의 전체 사고 속의 사고
김우창의 인문학을 읽다
현광일 지음 | 320쪽 | 값 15,000원

교과서 밖에서 배우는 윤리 공부
정은교 지음 | 292쪽 | 값 15,000원

카스트로, 종교를 말하다
피델 카스트로·프레이 베토 대담 | 조세종 옮김
420쪽 | 값 21,000원

한글 혁명
김슬옹 지음 | 388쪽 | 값 18,000원

일제강점기 한국철학
이태우 지음 | 448쪽 | 값 25,000원

우리 안의 미래교육
정재걸 지음 | 484쪽 | 값 25,000원

한국 교육 제4의 길을 찾다
이길상 지음 | 400쪽 | 값 21,000원

▶ 평화샘 프로젝트 매뉴얼 시리즈
학교폭력에 대한 근본적인 예방과 대책을 찾는다

학교폭력 어떻게 만들어지는가
문재현 외 지음 | 300쪽 | 값 14,000원

아이들을 살리는 동네
문재현·신동명·김수동 지음 | 204쪽 | 값 10,000원

학교폭력, 멈춰!
문재현 외 지음 | 348쪽 | 값 15,000원

평화! 행복한 학교의 시작
문재현 외 지음 | 252쪽 | 값 12,000원

왕따, 이렇게 해결할 수 있다
문재현 외 지음 | 236쪽 | 값 12,000원

마을에 배움의 길이 있다
문재현 지음 | 208쪽 | 값 10,000원

젊은 부모를 위한 백만 년의 육아 슬기
문재현 지음 | 248쪽 | 값 13,000원

별자리, 인류의 이야기 주머니
문재현·문한뫼 지음 | 444쪽 | 값 20,000원

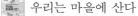
우리는 마을에 산다
유양우·신동명·김수동·문재현 지음 | 312쪽 | 값 15,000원

▶ 남북이 하나 되는 두물머리 평화교육
분단 극복을 위한 치열한 배움과 실천을 만나다

 10년 후 통일
정동영·지승호 지음 | 328쪽 | 값 15,000원

 선생님, 통일이 뭐예요?
정경호 지음 | 252쪽 | 값 13,000원

 분단시대의 통일교육
성래운 지음 | 428쪽 | 값 18,000원

 김창환 교수의 DMZ 지리 이야기
김창환 지음 | 264쪽 | 값 15,000원

 한반도 평화교육 어떻게 할 것인가
이기범 외 지음 | 252쪽 | 값 15,000원

▶ 출간 예정

근간 **학교는 어떤 공동체인가?**
성열관 외 지음

근간 **왜 그는 한국으로 돌아왔나?**
황선준 지음

근간 **비판적 실천을 위한 교육학**
이윤미 외 지음

근간 **선생님, 페미니즘이 뭐예요?**
염경미 지음

근간 **프레네 실천 교육학**
정훈 지음

근간 **경남 역사의 기억을 걷다**
류형진 외 지음

근간 **마을교육공동체 운동의 역사와 미래**
김용련 지음

근간 **교사 전쟁**
Dana Goldstein 지음 | 유성상 외 옮김

근간 **언어던**
정은균 지음

근간 **자유학기제란 무엇인가?**
최상덕 지음

근간 **교육이성 비판**
조상식 지음

근간 **한국 교육 어디서 와서 어디로 가는가?**
이주영 지음

근간 **식물의 교육학**
이차영 지음

근간 **삶을 위한
국어교육과정, 어떻게 만들 것인가?**
명혜정 지음

근간 **콩도르세, 공교육에 관한 다섯 논문**
혁명 프랑스에 공교육의 기초를 묻다
니콜라 드 콩도르세 지음 | 이주환 옮김

근간 **마을수업, 마을교육과정!**
서용선·백윤애 지음

근간 **신채호, 역사란 무엇인가?**
이주영 지음

근간 **즐거운 동아시아 수업**
김은석 지음

근간 **민·관·학 협치 시대를 여는
마을교육공동체 만들기**
김태정 지음

근간 **혁신학교,
다함께 만들어 가는 강명초 5년 이야기**
이부영 지음

근간 **민주주의와 교육**
Pilar Ocadiz, Pia Wong, Carlos Torres 지음| 유성상 옮김

근간 **미국의 진보주의 교육 운동사**
윌리엄 헤이스 지음 | 심성보 외 옮김

근간 **민주시민교육을 위한
역사수업 어떻게 할 것인가?**
황현정 지음